寝る前3分、1週間でマイナス3キロ!

がんばらなくていい!　しっかり寝るだけ!

最高の睡眠ダイエット

背中全体の血流をよくしてリラックスさせるポーズ（P54）

Moovin株式会社代表取締役
トレーナー
山田BODY

ぴあ

1週間で3キロ、1ヶ月以内に5キロやせる人続出
寝る前3分のエクササイズ「睡眠ダイエット」が
あなたの人生と体を変えます!

はじめまして。
ＢＯＤＹ　ＦＵＮＫのトレーナー、山田ＢＯＤＹです。
僕は芸人としてテレビや舞台でお仕事をさせていただきながら、
トレーナーとして芸能人やアスリートの方を含む多くの方の体の
メンテナンスのお手伝いをさせていただいています。

今回、僕が考案した「睡眠ダイエット」は、
寝る前の約３分間、心地よい睡眠を促すポーズを行うことで、
寝ている間に代謝がアップして
体が自ずとやせ体質になっていくというエクササイズです。

この「睡眠ダイエット」に挑戦された方の中には

これまでとほとんど生活を変えていないのに、
まったくつらい思いをすることなく、1週間で3キロやせたという方もいます！
3週間もすれば5キロ体重が落ち、
それをそのままキープできているという多くの声もいただいています。

忙しい現代人はジムに通ったり、運動する時間を毎日割くことはできません。
そこで注目したのが、誰しもが1日の1／3を費やしている睡眠時間です。
「睡眠ダイエット」は「睡眠時間はやせる時間」と捉えて、
寝る直前に軽く体を動かすことで、寝ている間に体の代謝を活性化させる
効率的なダイエット方法です。
また、深い睡眠に誘う効果もあるので
やせるのと同時に、睡眠障害に悩んでいる方にもおすすめです。
今日から早速「睡眠ダイエット」に挑戦しませんか？
明日の朝、すっきりとした体と頭になっていますよ！

山田ＢＯＤＹ

睡眠ダイエットの活用法

筋肉の解説
このエクササイズを行うことで効果を感じられる筋肉の説明と、そこを動かすことで得られる効果を説明しています。

目的別エクササイズ
ダイエット目的のエクササイズか、こりや痛みを解消する目的のエクササイズか判断できます。

ダイエット
編

体幹を鍛えてぽっこり下腹を平らに

アイソメトリック運動で下っ腹を鍛える

ココを鍛える!!

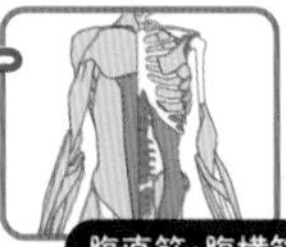

腹直筋・腹横筋

腹部の前面を走る大きな筋肉の腹直筋、腹筋の奥にあるインナーマッスルの腹横筋。力を入れる際に呼吸を意識するのが大切です。

アイソメトリック運動は等尺性運動のこと。筋肉の長さを変えず静止した状態で筋力をアップさせます。

1

静止したまま筋肉に力を入れて鍛えるアイソトメリック運動なので、仰向けに寝そべり、まず下腹の筋肉を意識する。

64

ポーズの内容説明
ポーズの取り方のイメージがつきやすいように、わかりやすくひとことで動きの説明をしています。

ポーズの取り方
ポーズの取り方を説明しています。1から順に行いましょう。

効果のある体の部位の説明
このエクササイズを行うことで、体のどこに、どんな効果があるのかわかります。やせたいパーツを調べるときはここをチェック!

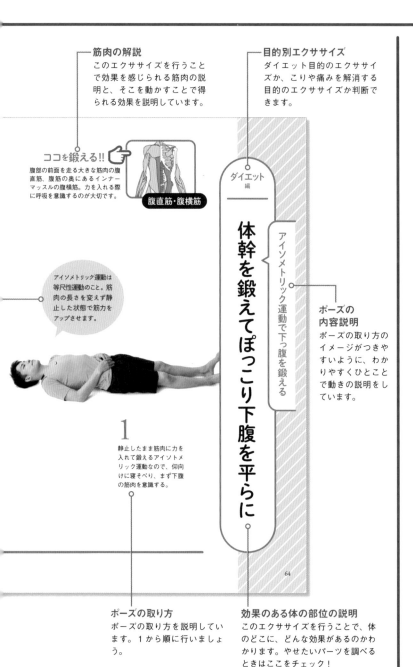

ポイント捕捉
エクササイズの効果を得るために注意してほしいポイントを解説。また、紹介したポーズが取りにくい人には簡単な動きを、ポーズを深めたい人は少し難しいポーズを解説しています。

ポーズの詳しい解説
正しくポーズを取るために、体の部位や筋肉の伸ばしかたなど気をつけたいことを詳しく説明しています。

回数&時間
エクササイズの行うべき時間とその回数

\ POINT /

アイソメトリック運動は部分やせが可能な運動です。手のひらを胸の前で押し合えば、バストアップと二の腕やせにも効果があります。下腹やせついでに一緒にやってみては？

手のひらを押し合っていると、呼吸が止まりがちです。息を吐くときにお腹を縮めると体幹を意識しやすくなります。

第3章

睡眠ダイエットエクササイズ　ダイエット&ヘルスケア

2

下腹の上で手のひらを合わせ、思い切り押し合う。下腹の奥を縮ませるような感覚で体幹に力を入れ、10秒間押す。

10秒×3セット

65

ワンポイントアドバイス
エクササイズ効果を高めるために、特に気をつけてほしいことを紹介しています。

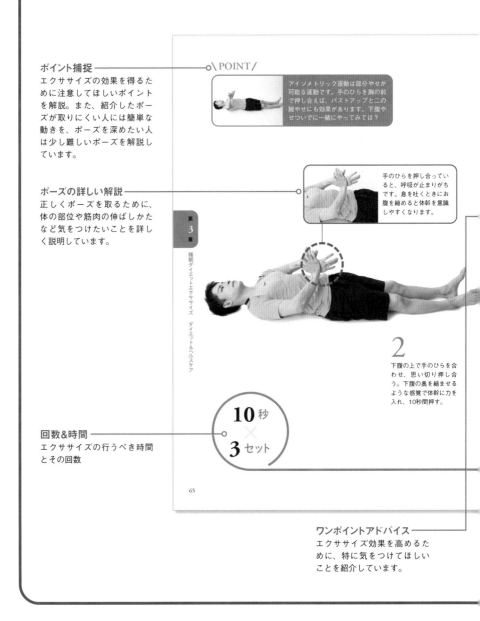

第3章 睡眠ダイエットエクササイズ ダイエット&ヘルスケア

Sleeping Diet Poses

基本編

ダイエット編

第1章

1日3分のエクササイズと正しい睡眠でやせる

Secret of Sleeping Diet

1日の1／3を費やす睡眠。
この時間を有効に使えば
3週間マイナス5キロは夢じゃない！

Secret of Sleeping Diet

睡眠の質を変えれば寝るだけでやせる

ただ寝ているだけなんてもったいない！ 寝ている時間はやせる時間です

人間の生活のうち１／３は睡眠時間です。日本人は世界的に見ても睡眠時間が非常に短いという報告がＯＥＣＤ（経済協力開発機構）から発表されていますが、そんな睡眠時間が少ない日本人でも約６時間程度は寝ていると報告されています。この６時間という時間、ただ寝ているのはもったいないと思いませんか？

寝ているとはいっても、人の体は代謝を続けています。日中は家事や仕事、また運動などでエネルギーを消費していますが、実は寝ているだけでもしっかりとエネルギーを消費しているのです！　これは「基礎代謝」というもので、呼吸をしたり、内臓を動かしたり、体温を調節したり、生きているだけで消費するカロリーのこと。一説によれば、寝ているだけで人は約３００キロカロリーも消費しているといいます。とはいえ**ほとんどの人が、この３００キロカロリーをしっかり消費できていないのです**。寝ているだけでカロリーを消費しているはずなのに、**あなたがやせられない理由、それは「しっかり寝られていない」からなのです。**

本来、「基礎代謝をアップ」させて、「よく眠れて」いれば、実はとても簡単にやせることができるのです！　そのためにはこり固まった体をゆるめて、熟睡を促し、成長ホルモンをしっかり分泌させることが大事なのです。

これまで僕が整体やストレッチを担当した多くの方のお悩みで「寝ているけれど、熟睡できない」「長時間寝たのに疲れがとれない」というものがあります。この悩みを伝えてくる方の体を触らせていただくと、みなさん筋肉が緊張していて、熟睡ができる体とは程遠いものでした。

そこで寝る前に僕が考案した睡眠ダイエットの1回30秒のエクササイズを5つ、合計3分程度体を動かしてほしいとお願いをしました、すると、みなさん「リラックスできて、深い睡眠がとれた」「朝、頭も体がスッキリしている」という喜びの声を多く聞くようになり、数週間もすると「寝る前のエクササイズしかしていないのに、不思議と体重が落ちていった」という声も聞かれるようになりました。これがつまり「寝ているだけでやせる体になった」という状態なのです。

さぁ、あなたも今日から始めてみませんか？

たった3週間で生活の質もグッと上がり、スッキリとした憧れの体を手に入れることができるはずです！

Secret of Sleeping Diet

成長ホルモンの働きがカギ

どうして寝ているだけなのに理想の体型を手に入れられるのですか？

「寝ているだけでやせる」なんてそんな夢みたいな話、信じられませんよね？

でも睡眠時間を効率よく使うだけで実際に体を引き締めることはできるのです。

人間は寝ている間に成長ホルモンが分泌されます。よく「寝る子は育つ」といいますが、これは科学的にも正しいことで、よい睡眠（＝熟睡）ができていると成長ホルモンがしっかり分泌されます。この成長ホルモンは成長期を過ぎても分泌されるのですが、眠りが浅かったりすると分泌が減少するそうです。

つまり、成長ホルモンが少ないと新陳代謝がうまく行われず、基礎代謝量も減ってしまい、体を燃焼させることができないのです。

よい睡眠を得て、**寝ているだけでやせ体質になるためには、心地よい睡眠を促し、成長ホルモンがたくさん分泌される「ノンレム睡眠＝脳は完全に休んでいる状態」に入ることが大切**です。そのためにはまず、スムーズに入眠できるように副交感神経を優位にして「メラトニン」という成分を分泌させなくてはいけません。寝る前に運動をすると交換神経が優位になり、寝つけなくなるといいますが、**睡眠ダイエットで提案している、約3分の「エクササイズ」は体をほぐし、血流をよくして、リラックスをさせる（副交換神経を優位にさせる）効果があります。また、やせたい部位の筋肉組織を刺激するので、そこが寝ている間に成長ホルモンによって修復され、より、やせやすくなるというメソッド**なのです。

睡眠とダイエットのグッド・サイクル

朝起きて光を浴び、
いつも通り活動

↓ **交感神経優位**

寝る前に3分のエクササイズで
血流アップ&体をほぐす

↓ **副交感神経優位**

メラトニンが分泌され
ノンレム睡眠に入る

↓ **成長ホルモンが分泌**

新陳代謝アップ&
エクササイズで刺激した筋肉の修復

↓

やせる&目覚めスッキリ！

Secret of Sleeping Diet

睡眠時間が少ないと太る!?

寝る直前のエクササイズとちょっとした心がけでやせ体質に！

アメリカのコロンビア大学が２００５年に発表した報告によると、**睡眠時間が短い人は、７時間睡眠をとっている人と比べて、肥満になる確立が60％以上高くなる**ということです。しかも２００４年のシカゴ大学の調査によれば、寝不足になると果物や野菜、タンパク質の食品より、**ポテトチップやパン、ケーキなどといった炭水化物を多く含むものを食べたがる傾向になる**そうです。いや、恐ろしい……。つまり**よい睡眠をとれなければ、ダイエットも間違いなく失敗する**ということです。確かに夜更かしをしているとダラダラとお菓子を食べてしまったり、翌日も頭がぼーっとして、その辺にあるものをなにも考えずに、とりあえず空腹を満たすためだけに食べてしまう、なんて経験あると思います。

寝る前に激しい運動をするのは交感神経を昂らせてしまい、よい睡眠を妨げることになりますが、今回紹介する睡眠ダイエットのエクササイズは先ほども話したように、入眠に効果を発揮する副交感神経に働きかけます。またエクササイズではありますが、よりストレッチに近いので、オフィスワークなどで酷使した体の疲れやこりをほぐし、血流をよくします。血液の循環がよくなると筋肉がゆるむのはもちろん、脳まで血液がめぐりやすくなり、最近話題の〝脳疲労〟の解消にもつながります。

ちなみにエクササイズだけでも十分効果はあるのですが、より効果を高めたいというのであれば、いくつか気をつけたいこともあります。いずれも「理想の体になる」ためのちょっとした心がけです。

1 6時間は寝る

できれば**1日6時間は寝てください**。これは人間の睡眠サイクルをベースにした数字で、私たちは大体90分でノンレム睡眠とレム睡眠を繰り返しています。個人差はありますが、ノンレム睡眠とレム睡眠のサイクルを4回繰り返すとちょうど6時間になります。特に**最初のノンレム睡眠の3時間はもっとも深い睡眠といわれていて、ここで成長ホルモンがドバッと出ます**。ちなみに夜の22時から深夜2時が〝睡眠のゴールデンタイム〟といって、この時間に寝るのがよいという話もありますが、

これは決して正しくはありません。先にも言ったように、成長ホルモンは〝時間帯ではなくノンレム睡眠の深いステージで分泌されるもの〟です。寝入り端の3時間を質の高いものにするのが一番大切なのです！

2 食事は寝る3時間前までに済ませる

寝る直前に食事をすると、就寝後も胃が活動を続けてしまうので、なかなか寝つけなかったり、浅い眠りになってしまいます。僕はもともとボクシングをしていて、試合が近づくと体重を落とすために、寝る5時間前に食べ終わり、少し空腹を感じるぐらいで寝ていたのですが、これが一番やせて、睡眠も深くなっていたように思います。とはいえ忙しい現代で、5時間前に食事を済ませるのは難しい人も多いはず。その場合は**せめて3時間前には済ませてください。夜寝るまでにお腹が空いてしまった場合は、白湯やホットミルクなどでお腹を満たしましょう。**ちなみにフロリダ州立大学の研究によると、**寝る前に少量のタンパク質を口にすると、代謝が促進される**そうです。消化しやすい柔らかめのチーズなどがおすすめだとか。ただ、人によっては胃酸が逆流して気持ち悪くなることもあるので、注意してください。

3 カフェインは寝る4時間前まで

カフェインは神経を昂らせる作用があり、睡眠を妨害するといわれています。実際、入眠までに時間がかかったり、睡眠時間も短くなる傾向があります。夜寝る前になにか飲みたくなったら、先にお伝えした睡眠を促すホットミルク、もしくはカフェインレスのハーブティーなどにしましょう。

4 パソコン・スマホは寝る1時間前にオフ

人間が眠くなるのは「メラトニン」が出るからということは先にお話しした通りです。しかし寝る前にパソコンやスマホを見ていると、**機器から発せられるブルーライトを太陽の光と脳が間違えて認識し、メラトニンが分泌されにくくなってしまいます。**効果をアップさせるなら、寝る1時間前にはオフにしましょう。また、寝る前には部屋の照明も少し抑えめにすると、入眠しやすくなります。

Secret of Sleeping Diet

いつものように寝ただけ！

15キロ太ってしまった体が3週間でこれだけ変わりました！

「大吟嬢・五島麻依子さん・32歳（お笑い芸人）」

身長 164cm
体重 61.4kg

体重
61.4キロ

体脂肪率
29.3%

ウエスト
79.8cm

ヒップ
98.4cm

太もも
55.8cm

二の腕
29.1cm

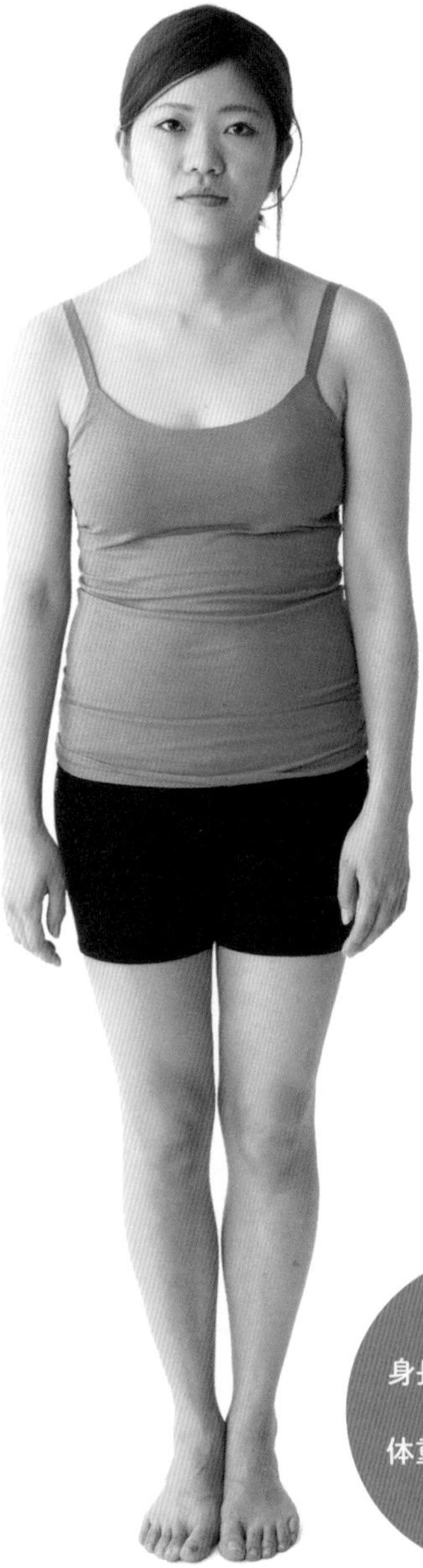

Before

五島さんのメニュー

- 基本のエクササイズ５種（P54 ～ 63）
- 腹筋引き締め（P64）
- ウエスト引き締め（P66）

日常生活ポイント

- 寝る３時間前までに食事を終わらせる。
- 朝ごはんはしっかり食べて、夜にかけて徐々に軽めに。
- 水分を1日2Lとる。寝る前にお腹が空いたらホットミルク。

体験コメント

BEFOREコメント

「一時期は 45 キロまでやせたのですが、無理をしてやせたので、気がついたらリバウンドしていました。お肉が好きで、しかもお酒も好きなので、あまり気にせず食べたり飲んだりしていたら、一気に60キロになってしまい……。今、人生最高の体重を叩き出しています。運動も昔から苦手で、全然動いていなくて、気がついたらお腹周りが大変なことになってしまいました。やせにくい年齢になっているのでこれからのことを考えるともっと太るのかな、と正直心配です」

AFTERコメント

「正直、寝ているだけなのに、こんなにやせると思いませんでした！　相方が会うたびに“やせたね”と言ってくれるくらいなので、見た目が随分変わったんだと実感しています！」

3週間で
5.85キロ
やせた！

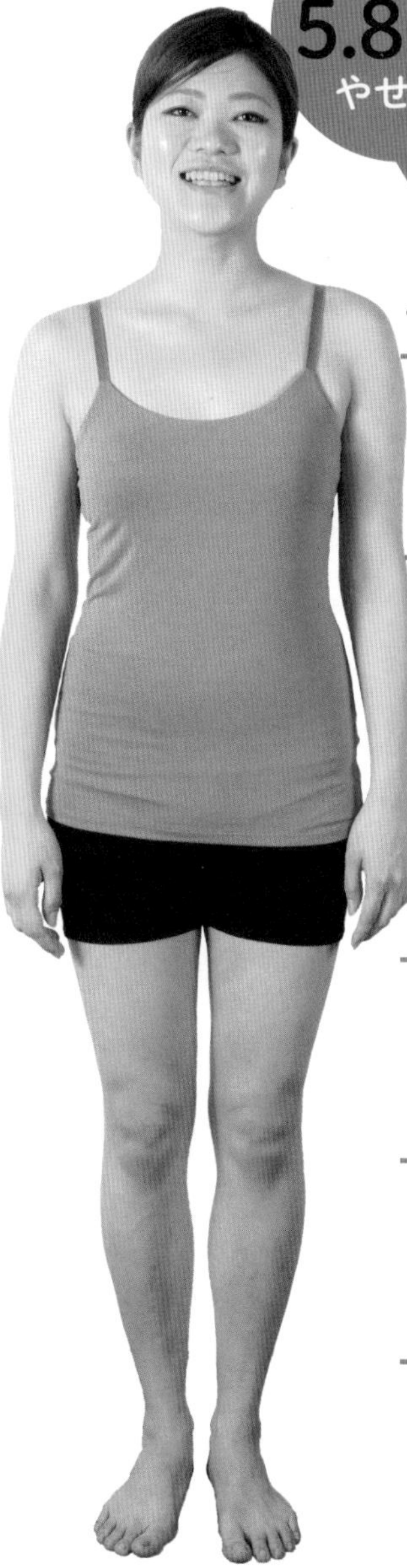

体重
55.55キロ
-5.85キロ

体脂肪率
25.6%
-3.7%

ウエスト
72.4cm
-7.4cm

ヒップ
93.2cm
-5.2cm

太もも
52.1cm
-3.7cm

二の腕
25.2cm
-3.9cm

After

3週間でマイナス5キロ！太って着られなかった衣装がすんなり入りました！

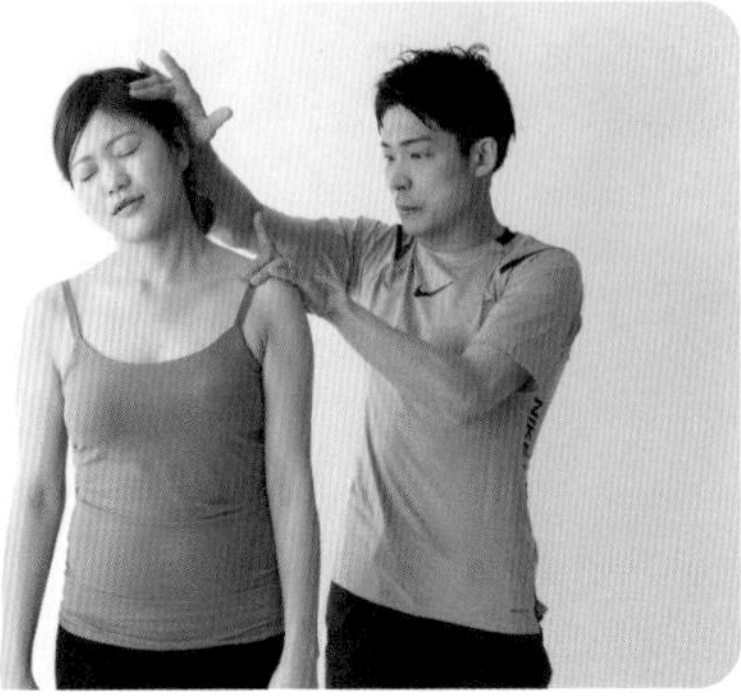

3週間のダイエットを終えて、五島さんから開口一番に「自分でもびっくりしてるんですけど、ダイエットがつらかったっていう印象もないですし、エクササイズがめんどくさいっていう気持ちも起きなかったです。こんなに楽にやせられるならもっと早く睡眠ダイエットに出会いたかったです!!」という喜びの言葉が。特にやせたと感じたのは下腹と、腰の上の肉だという。

「相方が驚くくらい、背中がすっきりしたっていわれました。ブラのハミ肉が少なくなったし、ぜい肉が落ちにくいと言われている腰の上のたるみがすっきりして自分でも驚いています。あと姿勢が悪く、いつも〝肩の高さが違う〟と言われていたのですが、それも治りました！」

日常生活に支障はなかったのでしょうか？

「最初、夜中にハンバーガーが食べたいっ！って欲求がきましたけど、それ以外はいつもと変わらない生活をしていたので、本当に3週間で5キロもやせたのが驚きです。着られなかった舞台衣装のジッパーがしまるようになって、とにかくうれしいです。このままダイエット続行しようと思います！」

After

お腹は
ぺたんこに！

下腹の肉はたった3週間ですっきり！　しかも肩が正しい位置に戻りバストアップ。ヒップも小さく&アップしました！

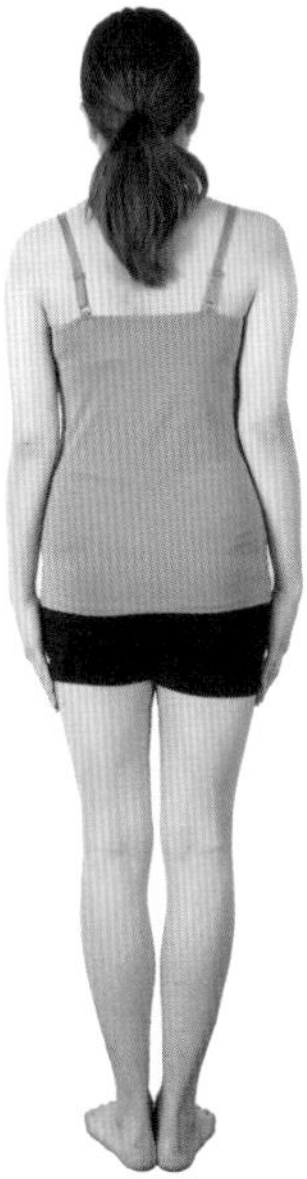

背筋が伸びて
姿勢美人に

背中全体がスッキリして、ブラのはみ肉が消えました！　しかも骨盤の位置も正しくなり、肩も真っ直ぐに！

Before

つかめる腹肉
が一番の悩み

肩が内側に入り込み巻き肩に。下腹がぽっこり出ていて、お尻の下側の肉ももたつきが。バストトップも下がって見える。

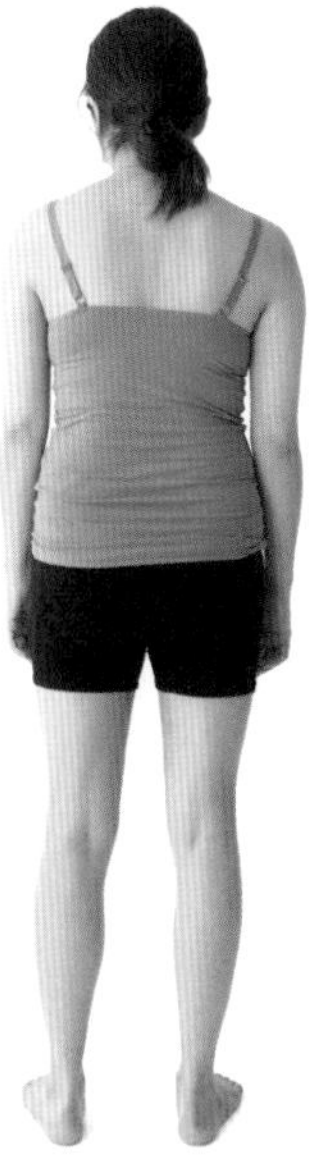

肩のゆがみが
気になる

ブラの下の肉と、腰まわりのもたつきが気になる。また、骨盤のゆがみによる肩の高さの違いも真っ直ぐにしたい。

少しでもいいから毎日やることがダイエット成功の秘訣！

キンタロー。

芸人。モノマネなどのネタで人気を誇る。また社交（競技）ダンスはプロの腕前で各種優勝タイトルを手にしたことも。20年1月に待望の第一子を出産。

出産で20キロの体重増。まだ10キロが減量できていません。

テレビ番組の社交ダンス企画で、以前は14キロものダイエットに成功したキンタロー。さん。現在、第一子のお子さんを育てながら、無理なく体型を戻すことを模索しているそうです。

「妊娠中、本当にごはんがおいしくてモリモリとまるで思春期の少年のように食べていたら、気がつけば20キロも太ってしまって……。ブログに食事をアップしていたんですけど、ファンのみなさんから〝食べ過ぎだと思いますよ〟と心配の声をかけていただく程だったのですが、妊娠中で食欲が抑えられず、なにを食べてもおいしかったので気にしていなかったら、20キロ増加という記録を出しました」

出産後、義理のお母様がバランスのいい食事を作ってくれたこともあり、出産後6ヶ月経って10キ口は体重が落ちたそう。

「それでも、あと10キロやせないとベストの体重じゃないんですよね。太って一番変化を感じたのは背中と、二の腕と太ももと……ってこれ全身ですよね（笑）。全身に肉がつきましたね。ダイエットはしなくちゃと思っているんです」

とはいえ、まだ小さなお子さんがいるので、なかなか自分の時間をとることができず、ダイエットにかける時間もないといいます。

2ヶ月「ビリー」でマイナス5キロ。でも睡眠ダイエットなら3週間でマイナス5キロ！

「社交ダンスで大会を目指していたこともあり、アスリートとしての筋肉や持久力が必要だったときは、とにかく集中して〝ビリーズブートキャンプ〟をやり続けました。これで2ヶ月で一気に5キロ体を絞ることができました。でも、睡眠ダイエットで3週間で5キロ減らした方もいると聞いて、驚きです！　今は時間があったらつい寝ちゃうんですよね（笑）。なので、寝ている間に代謝をアップさせてやせるという『睡眠ダイエット』は、私のように子育て中の方や、お仕事でいそがしくてジムや運動の時間が割けない人にはいいですよね！」

そもそも山田ＢＯＤＹさんの施術を受けるようになったのは、番組の収録の合間に体の不調を診てもらったことがきっかけだそう。

「肩甲骨の周りがすごく硬くて痛みを感じることが多かったので、相談をしたところ、収録現場の隅っこでサッと施術してくれたんです。そうしたらびっくりするくらい体が楽になって、気持ちもリラックスできたのかめちゃめちゃキレのあるネタができたんですよ！　体と心って繋がってるなぁって思いましたね。それから体の不調を感じたときには施術をしてもらいました。そういえば山田ＢＯＤＹさん、出産後にはわざわざ、私だけのためにエクササイズの映像を撮って送ってくれたんですよ。実際にやっていたんですけど、やっぱり筋力が落ちていたので、いい感じで鍛えられて疲れもとれました。あと、出産後で骨盤の辺りが不安だったのが山田さんのエクササイズで解消されました」

睡眠ダイエットなら毎日無理なくできるかも！

ということは少しは体重も落ちつつあるのか、と思いきや「まったくやせていない」という。

「ダイエットってやっぱり毎日少しでもいいから続けないと成功しないんです。それは14キロやせた経験のある私が断言します！　でも続けることが一番大変なんですよね。それもすごいわかります。毎日ランニングとか、ジムに行くとかハードルが高いですもんね。だって急に雨が降ったり、仕事が長引いたりとかありますもん。だからこそ山田ＢＯＤＹさんの〝睡眠ダイエット〟なら続けられると思います。ベッドに入って寝る前に、横になった姿勢で３分だけやればいいんですから！　これなら今の私でも絶対続けられると思います」

第2章

睡眠ダイエットでやせる理由

Reasans you can't lose weight

どんな人でも寝ているだけでやせられます！
そのポイントは"正しい睡眠をとって
成長ホルモンをしっかり出す"こと。

Reasans
you can't
lose weight

そのストレスがダイエットと睡眠を阻む!?

あなたがやせられないのは上手に寝ていないから

上手に寝なければ、代謝は進まず、寝ている間にやせ体質になることは難しい、ということは前の章でお話をしましたが、そもそも「自分が上手に寝られているのか？」というのはわかりにくいですよね？　実は**日中にストレスを感じて生活をしている人、またデスクワークが多い人のほとんどは上手に寝られていないと思っていいかもしれません。**

仕事や対人関係でストレスを抱えていると、つい肩をキュッとすくめていたり、猫背気味になっていたりすることはありませんか？　こういった姿勢のときは、体がこわばって肺が圧迫されています。つまり、肺の働きを促す呼吸筋がスムーズに動かず、呼吸が浅くなっているのです。この体のままでベッドに入っても、呼吸はスムーズに行われないので、睡眠の質が下がり夜中に目が覚めたりする人が多いのです。以前、『林先生の初耳学！』（ＭＢＳ、ＴＢＳ）に出演させていただいた際に、林先生も「睡眠が浅く夜中に目が覚めることがある」とお話をしていました。先生の体を拝見してみると確かに肩と首の距離がギュッと詰まっていました。多くのお仕事を抱えているからこそ、緊張もあるでしょうし、ストレスによって呼吸が浅くなっているのだろうなと感じられました。

日中のこういった体の状態に加えて、ほかにもよく寝られているかをチェックする項目があるので、ご自身の生活を一度振り返って確認をしてみてください。

こんな症状があるなら あなたはよく寝られていないかも！

1 日中、仕事や対人関係などでストレスを感じることが多い

2 仕事はデスクワークがメインだ

3 いびきをかいていると指摘される

4 起きたときに体に痛い部分がある

5 6時間は寝ているのに疲れがとれていない気がする

Reasans
you can't
lose weight

血流が悪いと皮下脂肪が溜まる！

6時間以上寝ているのに体がゆるまないのはどうしてなのか？

「6時間程度はいつも寝ているし、夜中に目が覚めることもない。それでも朝起きると首が痛かったり、背中や腰がガチガチに固まっていて、疲労が回復したと思えない目覚めです。それでも寝ているだけでやせられるのでしょうか？」とたずねてくる患者さんは少なくありません。結果的に言うと、**〝体がゆるんでいない人は寝ながらやせることはできません〟**。

筋肉の伸び縮みは血液の循環を促し、全身に血液と酸素を送る役割を担っています。しかし、長時間のデスクワークやストレス、スマホやパソコンの長時間使用や眼精疲労により、肩や腰などに多くの負担をかけている現代人は筋肉がこわばってしまっているのです。こわばったままの筋肉で寝てしまうと、**硬い筋肉は血管を圧迫して血行不良に陥らせ、結果、疲れはとれず基礎代謝が下がります。そして、代謝が低下して、血流が悪くなると、この働きを改善させるため体は自然と体を温めて皮下脂肪を蓄えはじめるのです。**つまり、**血流が悪いまま寝てし**

まうと、やせるどころか皮下脂肪を蓄積し、太っていくのです。

そう聞くと、「寝る前にがんばってエクササイズで体をゆるめなくちゃ！」と必死に動こうとする人がいますが、実はこれも逆効果を招きます。**〝がんばろう〟と筋肉を意識しながらストレッチやエクササイズをすると〝伸張反射〟が働き、動かした割に効果を得られないということが起きます。**思い切り伸ばそうとすればするほど、〝これ以上伸ばさせまい〟とするこの伸張反射によって筋肉が硬くなってしまうのです！　結果、真面目な人ほどがんばる割にはやせないという悲しいことになってしまいます。しかし、これから紹介するわずか3分の睡眠ダイエットエクササイズを行えば、心身のリラックスが促され、心地よい睡眠を得られる上、しかも無理なくやせることができるのです。

Check!

**こんな人はいくら寝ても
ゆるみにくく、
やせにくい**

- □ デスクワークで1日座っている姿勢がほとんど
- □ 階段を使わない
- □ 姿勢が悪い
- □ 真面目でなんでも一生懸命にやりすぎる
- □ 身体が硬い
- □ ジムで激しい運動をしている

Reasans you can't lose weight

脳疲労を取り除くことがやせ体質への近道

やせたいならば、体はもちろん脳もしっかり休めるのが大切です

憧れの体型に近づくには、まず質の高い睡眠が大切だということはさまざまなエビデンスからわかっていただけたかと思います。でも睡眠はこわばった体をゆるめて休息をもたらし、やせ体質へ体を変化させるだけでなく、**もうひとつ重要な役割として脳も休めている**のです。そして、この**〝脳の疲れ〟がとれないと、寝ているのにもかかわらず体は〝疲れている〟と認識してしまい、「なんとなくだるいなぁ」と感じるようになり、効率的に睡眠でやせることができなくなってしまう**のです。

体の疲れをしっかりとるには、脳を休めること！　つまり脳が働きを司っている自律神経のバランスをとることが鍵なのです。日中の活動で交感神経が優位になった脳を、上手に寝ているときに休ませてあげないと、自律神経を酷使しすぎてしまいます。可能であれば、日中、ちょっと疲れたなと感じたときに、少しぼーっとしてみたり、お昼寝をするのが効果的なのですが、それができない人も

多いはずです。だからこそ脳を休ませるためには「良質な睡眠をとること」が必要なのです。そして、睡眠ダイエットのエクササイズはこの良質な睡眠をもたらし脳の疲労を改善することで、なんとなくだるいという体の疲れもとり除き、代謝をしっかりと促してやせる体にするのです。

脳の疲れをとれば、やせる!!

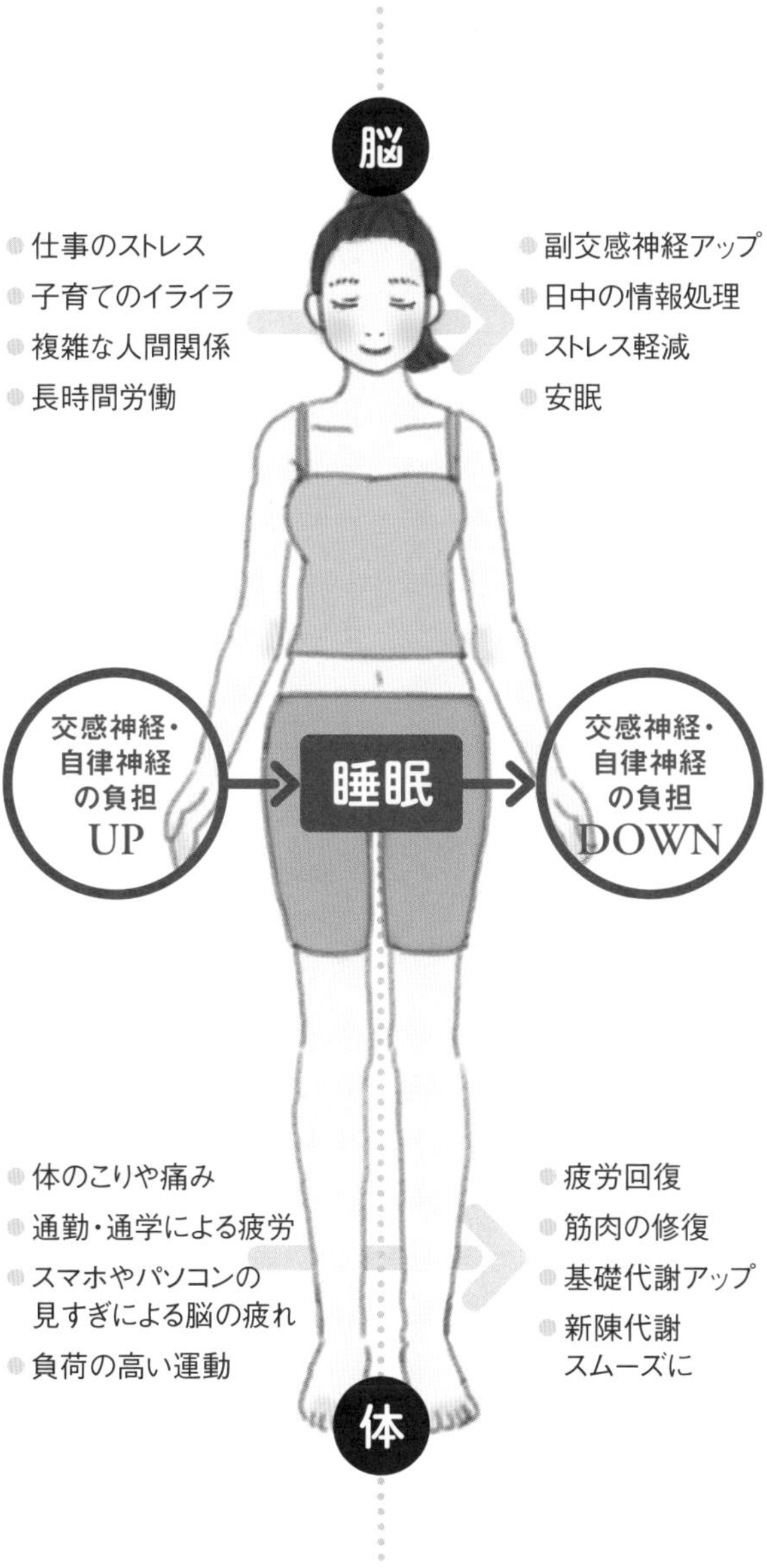

Reasans you can't lose weight

睡眠ダイエットエクササイズのうれしい効果①

体がゆるめば骨が正しい位置に戻り 骨格から美しくやせてみえる

睡眠ダイエットのエクササイズは寝ているときのやせ効果を高めるだけではありません。そもそも整体をベースに、筋肉に働きかけて骨の位置を正しくすることを第一に作っています。そのため、**やせるのを時間をかけて待たずとも、骨の位置がリセットされた瞬間からやせて見える体に変わることができる**のです。

例えば骨盤が前傾・後傾していると背筋がすっと伸びません。そのため顔も前に出てきて首が短く詰まったように見えます。また、猫背になると肩が胸側に巻き込まれて、バストトップも本来の場所より下がります。しかも腹筋に力も入らないので、ぽっこりお腹になってしまいます。下半身も骨盤が前傾している人は反り腰になって内股になりやすく、逆に骨盤が後傾している人はお尻に凹凸がないのっぺりした形になり、O脚やガニ股歩きになってしまいがちです。

骨が正しい位置にないというのは、体がアンバランスに使われているということ。そのため、決して太っているわけではないのに、首が短く顔が大きく見えたり、お尻に立体感がないのでヒップがどーんと大きく、足も短く見えるのです。

Ｐ18で紹介した睡眠ダイエットのエクササイズ体験者の五島さんも、姿勢が整ったことで、数値以上にやせてみえるようになりました。

あなたが体重やサイズ以上にがっちりした印象を与えているのならば、骨の位置をエクササイズで整えてあげることも必要でしょう。

同じ体型でも見た目でこれだけ変化が！

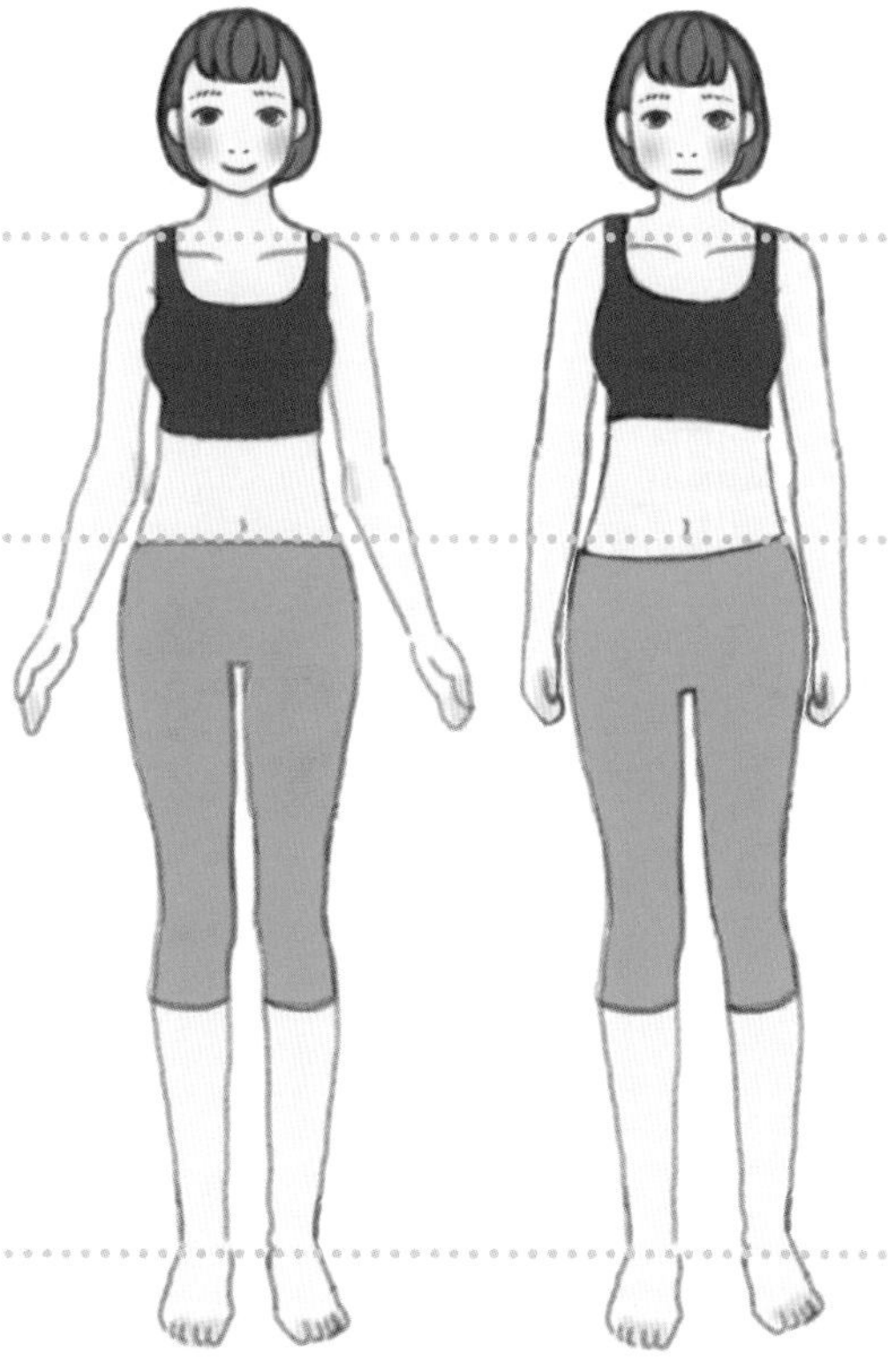

**骨の位置がバランスよく整うだけで、
こんなにもスッキリ見えるのです!**

Reasans
you can't
lose weight

睡眠ダイエットエクササイズのうれしい効果②

ぷよぷよの「脂肪」にもガチガチの「筋肉」にも変化が起きる

この本を手にとった人は自分の体型に自信をなくしている人ではないでしょうか？　「ベルトの上に乗るお腹周りの肉をなんとかしたい」「二の腕の振袖のような肉をとりたい」など、色々と悩みを抱えていると思います。

これまで多くの人の体を整えてきましたが、ダイエットをしなければ、と感じている人が全員同じ原因で太っているとは限らないことがわかりました。**太っている原因には、こりがひどく代謝が悪くて「脂肪太り」の人もいれば、体の使い方や運動による癖で筋肉が張っている「筋肉太り」など、人それぞれ違うのです。**

脂肪太りの人は、運動を行えばやせるのは確かです。しかし、その方法が間違っていると、**本来使うべき筋肉を正しく使わず、ほかの筋肉に負荷をかけて、余計に太くなってしまうということが起きてしまいます。**脂肪太りに加えて、筋肉がっちり太りというあまりに残念な結果になってしまうのです。

最近、やせるためにスクワットをするのが流行っていますが、「なんだか前ももががっちりしてきた」という話をされる方がいました。施術の際に確認をしてみると、確かに前ももの筋肉に張りがありました。スクワットは一見簡単な動きなので、みなさん正しくできていると思いがちです。しかしスクワットは前ももの筋肉「大腿四頭筋《だいたいしとうきん》」、もも裏筋肉「ハムストリング」、お尻にある筋肉「大殿筋《だいでんきん》」をすべてバランスよく鍛えなければ、「大腿四頭筋」に一番負荷がかかりやすく、結果的に前ももががっちりしてしまうということになります。（スクワットはつま先よりひざが前に出ないように行いましょう！）

本書で紹介するエクササイズは、硬くなっている筋肉をほぐし、血流をよくして基礎代謝を上げることが目的なので、代謝をアップさせて脂肪太りを解消させることできます。それと同時に、**筋肉を刺激して正しく体を使えるようにするストレッチ効果もあるので、偏っていた筋肉の使い方を解消して、これまで使えていなかった筋肉を正しく使うようにすることで、余計に使っていた筋肉をスリムにして筋肉太りも解消することができます。**

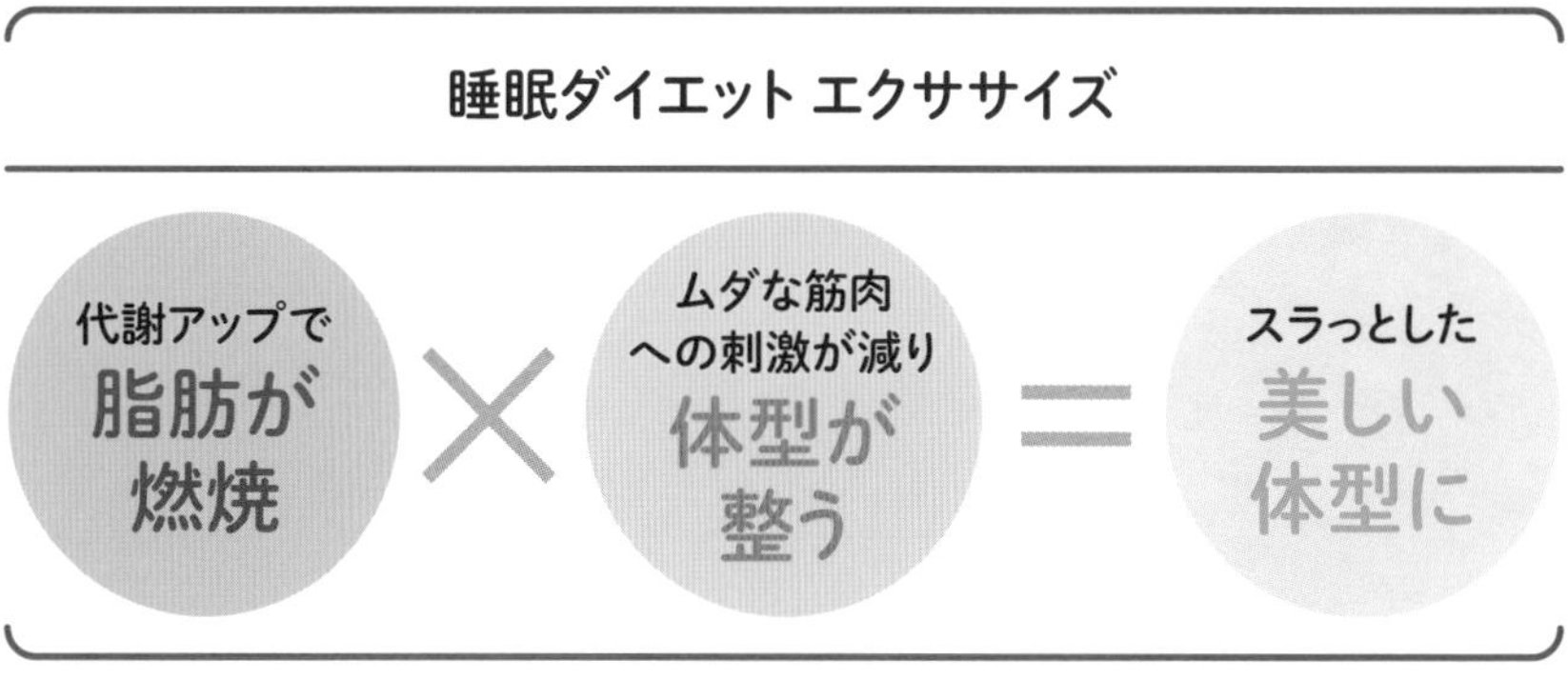

Reasans
you can't
lose weight

睡眠ダイエットエクササイズのうれしい効果③

睡眠ダイエットはやせながら疲労回復&体の痛みも解消する

本書で紹介する睡眠ダイエットのエクササイズは「やせる」ことが一番大きな目的です。しかし、エクササイズを行うことで「やせながら体の痛みを解消」することもできるのです。

例えば、基本の「背中全体の血流をよくしてリラックスするポーズ」（P54）は床に仰向けに寝転び、ひざを抱えたポーズで、ゆりかごのようにゆれます。こうすることで、首から背中、腰、臀部までほぐし、ゆらぎの動きでリラックスして副交感神経も高まります。更に、日中溜め込んだ体の疲れや、長い間蓄積されたこりや体のクセもゆるやかに解消していき、体が整っていきます。そして前屈みになっている背中もほぐしてあげることで姿勢が正しくなり、スマホやパソコンの見すぎでストレートネックになり、顔が前に倒れ気味になって顎が出てしまっている状態による首のこりも治るのです。また、オフィスワークでずっと座っている女性からよく聞く股関節の痛みがあります。長時間同じ姿勢で座っているとそけい部が収縮した状態となり、筋肉が固まってしまいます。この固まった状態のまま、急に立ったりすると骨盤と大腿骨をつないでいる部分に負担がかかり、炎症が起きます。これが股関節の痛みです。放っておくと変形性股関節症にもつながるのですが、「背中をほぐすポーズ」を行えばこれも解消します。

ストレッチを行う中で、患者さんからよく聞く体の痛みがありますが、**54ページから紹介する睡眠ダイエットのエクササイズは単にやせるだけでなく、あらゆる不調に対応できるように作っているので、寝る前にその日の自分の体を触り、痛みを感じるようであればその部分を少し意識しながら動いてみましょう。**翌朝、体の痛みが軽減していることを感じられるはずです。

整体で痛みを訴える不調を解消

マッサージや整体に訪れる方で、一番多く痛みを訴えるのは「肩こり」です。次に「首こり」「腰痛」「ひざ・足首」という順になります。睡眠ダイエットのエクササイズはこれらの痛みやこりも解消できるのです!

Reasans
you can't
lose weight

睡眠ダイエットエクササイズのうれしい効果④

年齢問わずにエクササイズができるから健康寿命を延ばす効果が！

「健康寿命」という言葉を聞いたことはありますか？　これは「健康上の問題によって日常生活が制限されることなく心身ともに自立して生活できる期間」と定義されています。私たちがよく耳にする「平均寿命」は何年生きられるかを表す数字ですが、**健康寿命とは自分らしく生活を送ることができる年数**ということです。医療や生活環境の発展により人生１００年時代といわれていますが、実は健康寿命は平均寿命より男性の場合は８年、女性の場合は約12年短いといわれています（国民生活基礎調査・厚生労働省２０１９年調べ）。つまり残念ながら人生の最後まですべての人が健やかに生活できているとは言い難いのです。この健康寿命を延ばすひとつの方法が「適度な運動」といわれています。

睡眠ダイエットのエクササイズは寝る前に体をゆるめ、適度な負荷をかけた運動を行うことで、成長ホルモンが出る時間に最大限に体が代謝を行えるようにして効率的にやせるという仕組みですが、ベッドの上でも行える程度のエクササイズなので、負荷の高いエクササイズに不安を感じる人も十分行うことができます。**今までダイエットができなかった人でも続けられるほど手軽なエクササイズですから、健康寿命を延ばすための運動として年齢を重ねた人にも活用できます。**

ちなみに厚生労働省が発行している健康手帳を読んでみると、**健康寿命を延ばす大切な習慣として「十分な睡眠をとること」とも記されています。**睡眠ダイエットエクササイズは憧れの体型を手に入れることができるだけでなく、「健康寿命を延ばす」ことができるエクササイズと言っても過言ではありません。

健康寿命を伸ばす７つの習慣

1. 生活習慣病を知って、予防する
2. 適切な食生活を目指す
3. 適度な運動をしよう
4. 十分な睡眠をとろう
5. 禁煙しよう
6. お酒と上手につき合おう
7. 歯・口腔の健康を守ろう

↓

睡眠ダイエットはやせることで
生活習慣病を予防し、
適度な運動と質のよい睡眠を
習慣づける

**健康寿命をアップさせる
エクササイズです**

厚生労働省「健康手帳」より

Reasans
you can't
lose weight

睡眠ダイエットエクササイズのうれしい効果⑤

やせにくくなる30代以降からでも一晩で2キロマイナスも夢じゃない！

「年齢を重ねるとやせにくくなる」というのはよく聞く話です。これは基礎代謝が低下するからなのです。しかも、30代以降の女性はホルモンバランスが大きく変化し、筋タンパク質の分解を抑制するエストロゲンが減少することで筋肉量がグッと減りやすくなります。そしてこの筋肉量が減るタイミングに、仕事や育児、介護などが重なり自分のために時間を割くことができず、運動をする時間を持てなくなってしまいがちです。するとますます筋力が落ちてしまい、代謝も悪くなりやせにくくなるという負のスパイラルに入ってしまうのです。

ちなみに女性の場合、20代の基礎代謝は平均１１８０キロカロリー、30～40代は１１４０キロカロリー、50代になると１１００キロカロリーとなります。20代と50代を比較すると1日80キロカロリーも消費エネルギーがダウンするのが分かります。**年間で考えれば、２９２００キロカロリー。脂肪１キロを減らすのに７２００キロカロリー消費しなくてはいけないので、昔と変わらない生活を送っ**

ていたら、なんと普通に暮らしているだけで年間約４キロ太ってしまうのです！（e-ヘルスネット／厚生労働省）年齢を重ねるとやせにくいというのは、運動不足なのではなく、体が自然とそういう仕組みになっているからなのです。多くの人がこの事実に気がつかないため、加齢太りは仕方ないと思っています。でも、たった１００キロカロリー分だけ余計に動けば若い頃の体をキープできるのです。

　だからこそ、寝る直前のエクササイズで１日の睡眠時間を有効に使うことが必要なのです。たった3分、寝る前に体を動かせば、寝ている間に成長ホルモンが分泌され、代謝がアップしてカロリー消費量が増え、簡単にやせることができるのです！

年齢を問わずやせる体のサイクルはコレ！

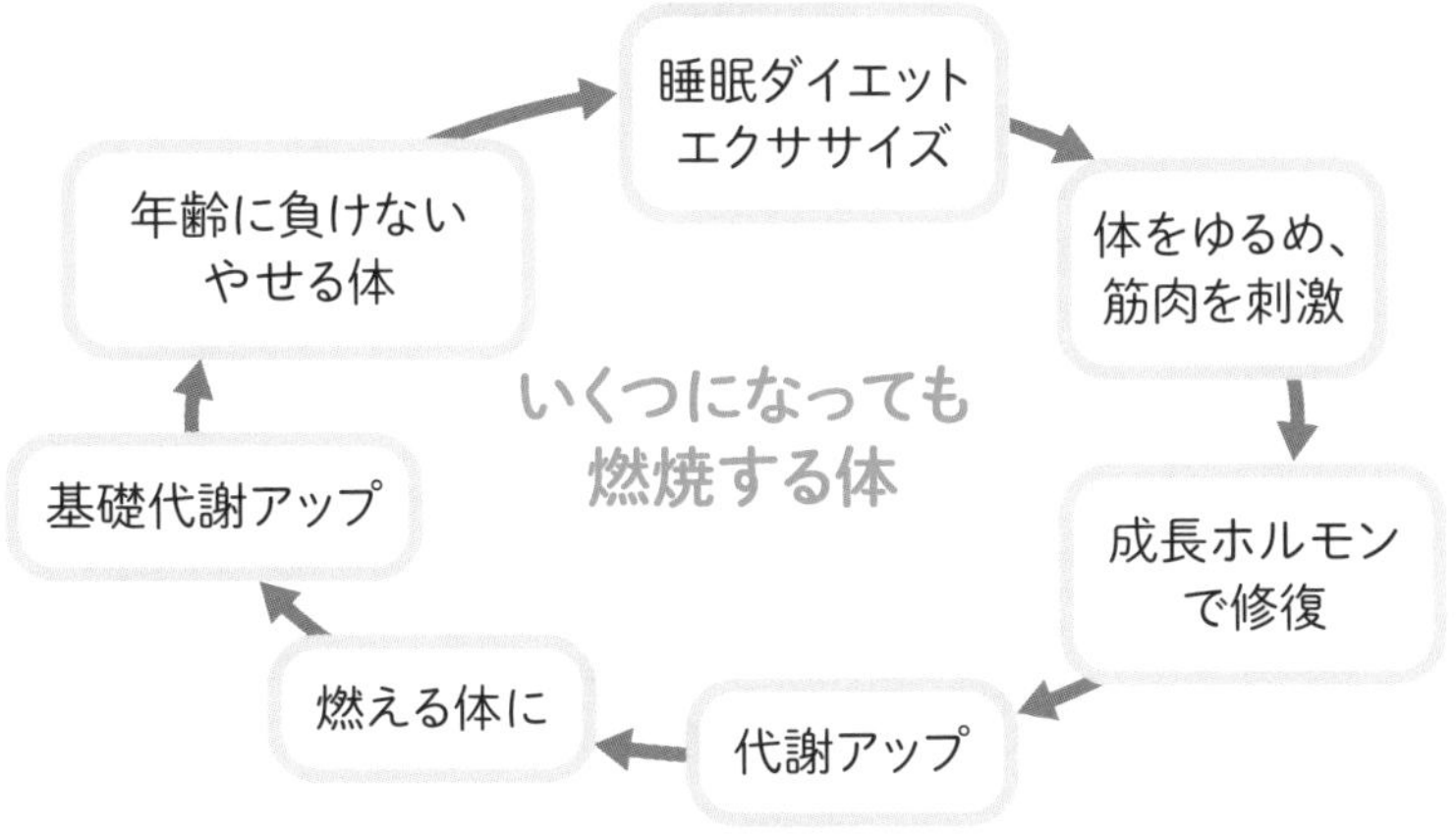

Reasans
you can't
lose weight

睡眠ダイエットエクササイズをする前にトライ

あなたの体のどこが硬くなっているかチェック！

睡眠ダイエットエクササイズをする前に、自分の体のどこが硬いか、引っ掛かりや詰まりを感じるかチェックしてみましょう。

前屈

OK

お腹からではなく骨盤から前に倒れるように！

NG

ひざが曲がり、お腹から曲がって出っ尻に

ひざを曲げないようにして、指が床につく。つかない人は体の背面の筋肉が硬くなっている証拠です。特に重要なのが太ももの裏の筋肉、ハムストリング。ハムストリングが硬いと骨盤のゆがみにつながります。

側屈

腕が前に倒れてしまい、体が横に倒せていない
NG
OK
脇の下を正面に見せるように真横に体を倒す。左右両方行いましょう

足を大股に開いて、左手は腰に、右手は上に。その手をキープしたまま、右の手を左側に倒していきます。反対の手も同様に。真横に倒せず、上半身が前に倒れ込んでしまう人は背中やウエスト、骨盤がゆがんでいるかも。また左右で違いがある人は筋肉のバランスが悪い可能性があります。

体をねじる

体をねじったとき、ウエストからしっかりねじることができて、顔は背面の壁を見ることができますか？　もし顔だけ後ろを見ている場合は腰周りが硬いはず。また左右で後ろの壁が見られる範囲が違う人は、筋肉の柔らかさやバランスに問題が。

しゃがみ込みポーズ

両足のかかとをしっかり床につけたまま、お尻を下ろします。このとき、お尻を下ろせない人、ひっくり返ってしまう人は股関節、ひざ関節、足首関節の可動域が少なく柔軟性が低い証拠。またふくらはぎの筋肉も硬くなっている可能性があります。

腕合わせ

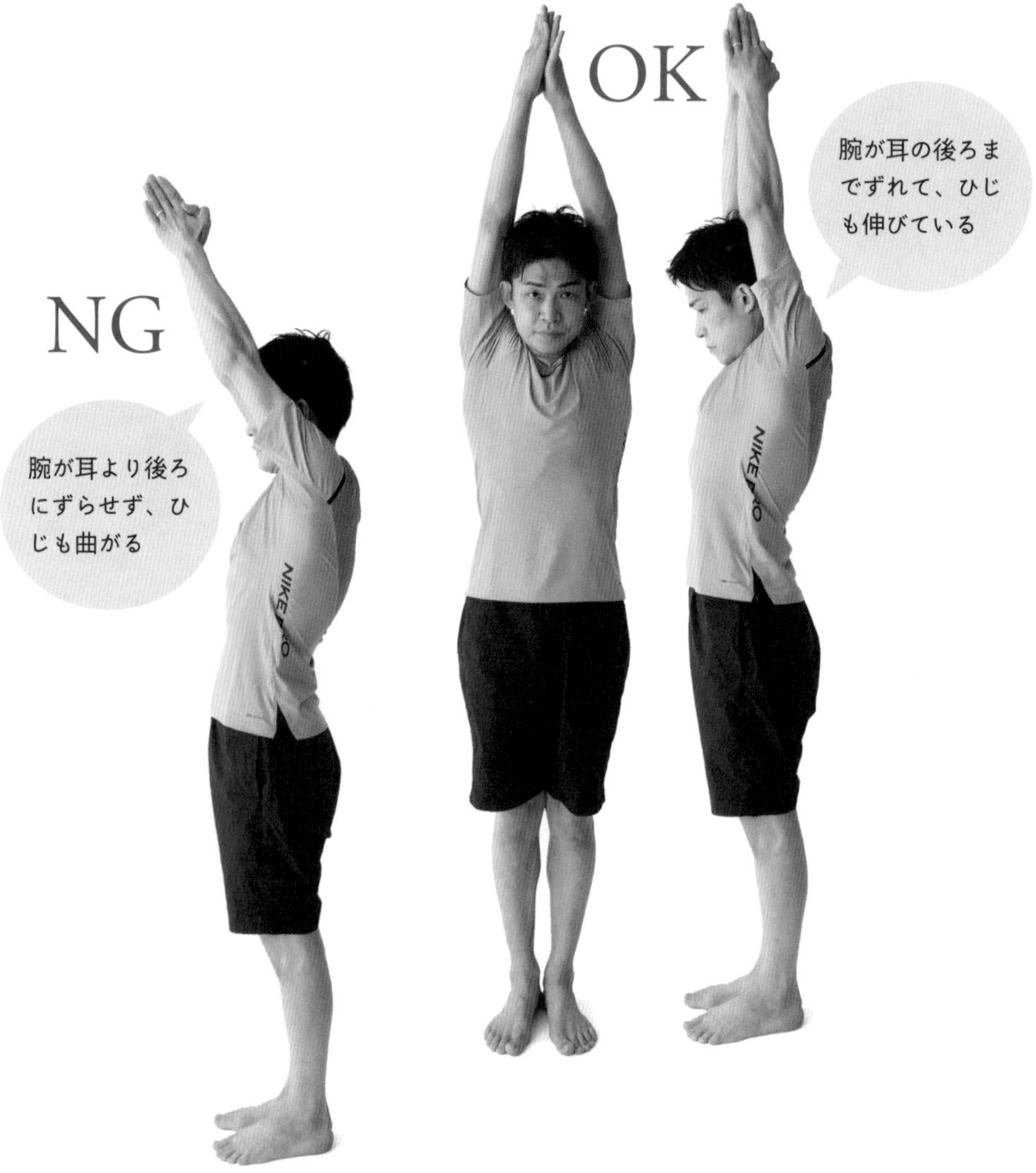
NG
腕が耳より後ろにずらせず、ひじも曲がる
OK
腕が耳の後ろまでずれて、ひじも伸びている

腕を真っ直ぐにしたまま、頭上で手のひら同士を合わせる。そのまま腕全体を後ろにずらし両耳が出る位置まで持っていく。耳が出ない人は肩甲骨・胸郭周りがこって固まってしまっている状態です。

割座のまま後ろに倒れる

ひざ・太ももの痛みがなく、背中がしっかり床につく

OK

後ろに倒れるけれど、背中が床につかないのもダメ

ひざ・太ももが痛くて背中を床につけられない

NG

割座（＝両足の真ん中にお尻を落とした座り方）の姿勢のまま、背中を床に倒していき、背中をべったり床につける。腰と床の間に隙間ができる人は前ももが萎縮して硬くなっています。

COLUMN

糖質オフのしすぎに要注意！

**ダイエットをしている人に食事で気をつけていることを尋ねると、
みなさん「糖質制限しています」とお話ししてくださいます。
糖質の摂りすぎはダメですが、摂らなさすぎも実はいけないんですよ。**

❶ サラダやカロリーの低いものばかりを食べている

ダイエット中だからといって、１食をサラダだけで済ませたりしていませんか？　これでは体に必要なエネルギーが足りない状況になり、疲れやすくなって1日の活動量も減ってしまいます。そうなると筋肉もつきにくくなり、基礎代謝量も減ってしまうのです。総摂取カロリーが減るので、一時的には体重は減りますが、長い目で見るとやせにくい体になってしまうのです。

❷ フルーツジュースや0キロカロリー飲料を飲む

「ビタミンが摂れるフルーツジュースやスムージーを食事がわりに飲んでいる」という話をよく聞きます。実はフルーツジュースやスムージーには普段摂取する量よりかなり多い量の果物が含まれていることがあります。そのため実はコップ１杯のカロリー量が１食分ほどになることも！　また、０キロカロリー飲料を飲んでいる方もいますが、人工甘味料などは腸内細菌のバランスが崩れるという報告もあるようです。悪玉菌が増えて、免疫力も低下しやすくなります。

❸ お米は一切食べない

お米の糖質量は高いので、食事から主食をすべて抜く人がいますが、これはNG。アメリカのシモンズ大学で行われた20年以上に及ぶ調査では糖質量が標準の人（総カロリーのうちの約60%）と、少ない人（総カロリーの35%）を比較すると少ない人の方が死亡率が１．３倍も高いという結果が出ているのです。期間を決めて糖質制限生活を行なわないと、健康被害が起きる可能性もあることをぜひ認識してください。

第3章

睡眠ダイエットエクササイズ ダイエット&ヘルスケア

Sleeping Diet Poses

やせたいパーツ別のエクササイズに加え、
体のこりや痛みを解消するストレッチも紹介。

Sleeping Diet Poses

睡眠ダイエットエクササイズは3週間で結果を出す！

1回のエクササイズで朝の体に変化が3週間続ければ5キロマイナスも！

憧れの自分の姿に近づきたくて何度もダイエットに挑戦したけれど、結果を出せないで終わってしまったという人も少なくないかもしれません。結果がすぐに出せないとモチベーションを持ち続けるのが大変なのは、よくわかります。でも、**なんとか3週間だけ続けてみてください**。心理学の有名な法則で「インキュベートの法則」というものがあります。これは**〝3週間継続したものは習慣化する〟という法則です。とにかくなにかを身につけたいと思ったときは、3週間行えば、〝顕在意識〟から〝潜在意識〟に変わるのです**。

とはいえ、その3週間ですら正直続けられるか微妙な人もいるでしょう。「3週間続けられる根気があれば、これまでダイエットは成功していたよ」と言いたくなる人も多いはずです。そんな人にこそ、ぜひこのエクササイズにトライしてもらいたいのです。1回やれば、体と睡眠に変化を感じることができるはずです。

実際、**僕は睡眠ダイエットエクササイズをしてから寝て、翌日の朝、体重を測**

ると2キロくらい一気に体重が減っていることがあります。僕の施術を受けている方も、朝起きて体重を測ったら1～2キロほど減っていたという人は多数います。また、**便通で悩んでいた女性が翌朝、すぐにお通じがあり、ぽっこりお腹が気にならなくなってきた**という声も聞きました。

負荷の高い運動をしなくても、目に見えて数字の変化が出てくるこのエクササイズなら、やる気も起きますよね？　毎朝の数字の変化をモチベーションにしながら、ぜひ3週間続けてください。睡眠ダイエットエクササイズが習慣化することで、3週間後には目標としていた体型と数字に近づいているはずです。

とはいえダイエットの成功は数字の達成ではないことをぜひ忘れないでいてください。もちろん、理想の体重、サイズになることを目標として掲げるのはよいことです。しかし、ダイエットの最終目標は「健康できれいな自分になって、イキイキとした生活をとり戻すこと」だと僕は思います。数字を追いかけることに必死になり、体調を崩しては本末転倒です。**睡眠ダイエットはエクササイズを通して健康寿命を延ばすことを目指しています。**体重が減った喜びは、自分自身ががんばれた証拠。減量したことでなく、健康な生活を送れるようになった自分をほめてあげましょう！

睡眠ダイエットエクササイズをする前にチェック！

Secret of Sleeping Diet

エクササイズのやりすぎは逆効果！3週間で劇的効果を得るルール

睡眠ダイエットエクササイズは寝ている間に効果を発揮し、やせ体質に体をリセットしてくれます。しかもハードなエクササイズではないので、「複数回やって、どんどん理想の体型に近づけよう！」とがんばりすぎてしまう人がいるかもしれません。でも、**このエクササイズは寝る前のやりすぎは厳禁です。基本のエクササイズの5種（P54〜63）に、自分が重点的にやせたいパーツのエクササイズをプラス3つくらいで終わり**にしてください。あくまでも**上質な睡眠を得ることで、最大限に寝ている時間にやせるのが目的のダイエットです**。体を動かしすぎて目が冴えてしまい眠りにつけなくなったら逆効果です。

また、エクササイズはお風呂に入った後に行うようにしてください。お風呂に入ると体温や心拍数が上がるので交感神経が優位になります。睡眠ダイエットエクササイズは副交感神経を優位にするエクササイズなので、お風呂の前に行ってしまうと、せっかくリラックスした体が入浴により、また興奮状態に戻ってしまいます。入浴で上がった体温が下がるのと同時にエクササイズを行い、副交感神経を優位に変えて、質のよい睡眠につなげましょう。

次のページから睡眠ダイエットエクササイズがスタートします！　基本ルールを守って美しい体を手に入れましょう！

効果UP!

睡眠ダイエットエクササイズの基本ルール

1 寝る直前に基本のエクササイズ（P54～63）＋やせたい部分のエクササイズ（3つほど）を行う

2 寝る前のエクササイズは記載してある回数のみ！（日中は複数回行ってもOK）

3 食事をしてから3時間後に行う

4 お風呂に入ってから約1時間後に行う

5 寝る前のエクササイズ時はパジャマやゆったりしたウェアを着用

6 エクササイズ30分前にホットミルクで水分補給（牛乳が苦手な人はノンカフェインで血流促進効果のあるハーブティーを）

基本編

背中全体の血流をよくしてリラックス

1日の疲れを癒す赤ちゃんのゆらゆらポーズ

ココをゆるめる!!

体の中でもっとも筋肉の面積が大きい広背筋をゆるめます。背中全体を床に押しつけることで首や肩、腰まで一気にほぐします。

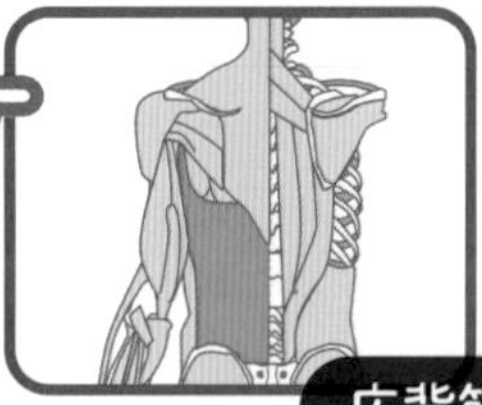

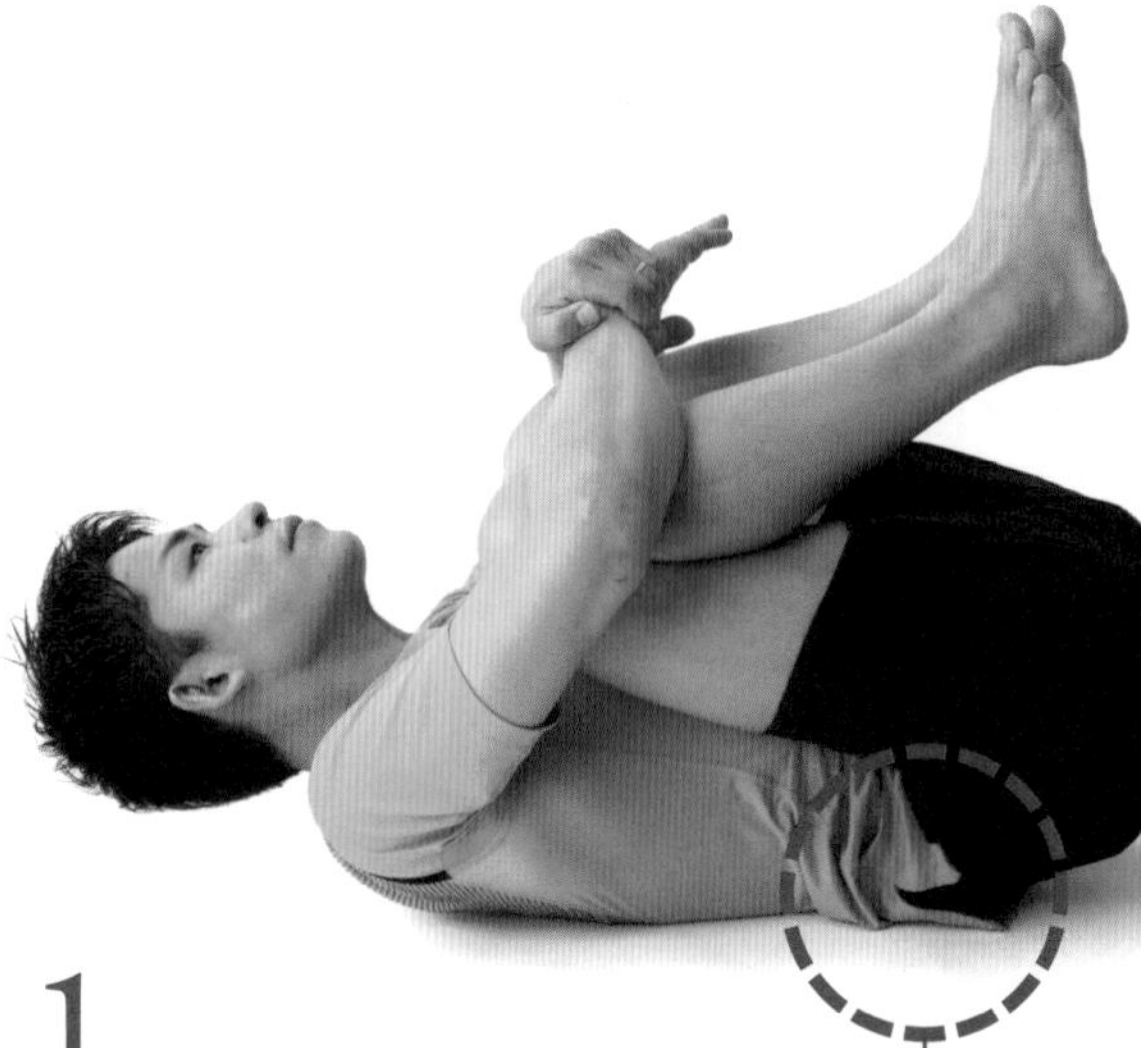

1

背中全体が床にべったりとくっついていることを確認してから、腕で両脚を胸の前で抱える。呼吸はゆっくり自然に。

両足をぐっと胸に寄せると股関節が圧迫されて、足をほどいたときに下半身に一気に血がめぐるのでしっかりとひざを胸に近づけましょう。

\POINT/

床を使って背中からお尻にかけてほぐします。全身の血行がよくなるので、手足の冷えやむくみがある人、またなかなか寝つけない人にもおすすめです。

2

首から腰までしっかり床につくように体で反動をつけて、ゆりかごのように前後に揺れる。背中のこりがゴリゴリとほぐれていることを意識して30秒間揺れる。

首の痛みが気になる人は無理に首をほぐそうとすると、よけいに痛めてしまうので肩のあたりで揺れを止めましょう。

30秒 × 1セット

基本編

脚全体とお尻&腰を一気に細くする

下半身の滞った血液とむくみをドバッと流す！

ココをゆるめる!!

お尻から脚裏の筋肉を一気に伸ばします。ここが柔軟だと脚関節の可動域が広くなり、ふくらはぎのポンプ機能も働きやすくなります。

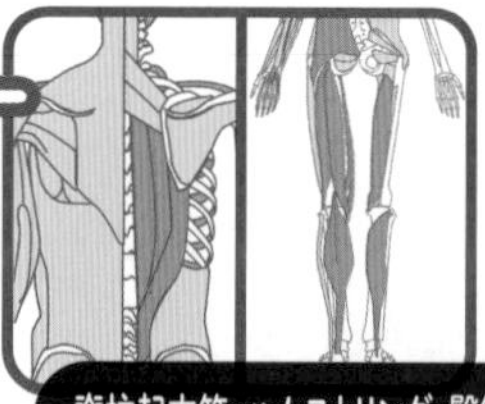

脊柱起立筋・ハムストリング・臀筋

1

仰向けに寝て、ひざを立てた状態から、軽く勢いをつけて最初に腰を浮かす。その後、頭の方に向かって脚をゆっくり倒していく。

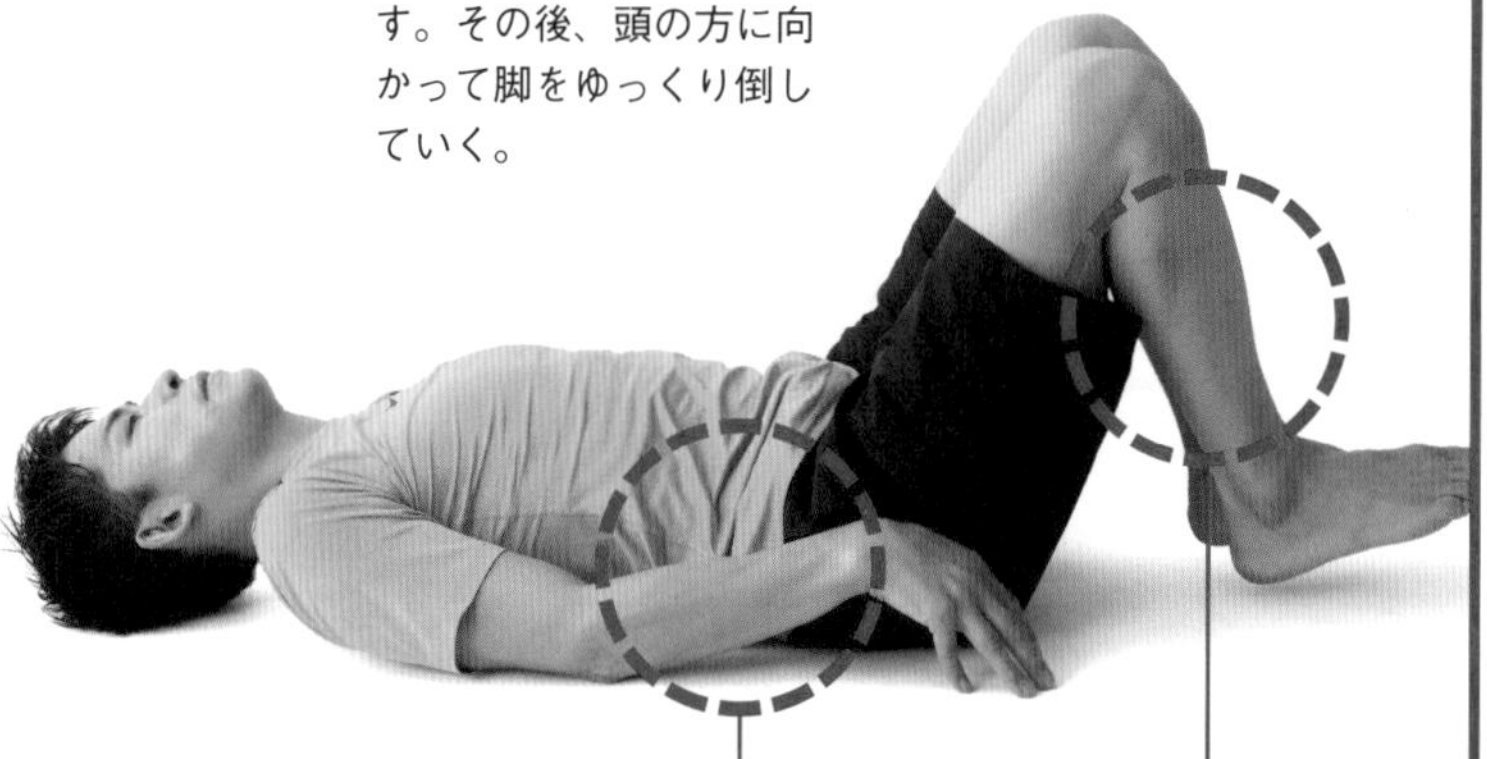

脚裏全体を伸ばしながら筋肉も使う動きです。腰や首の痛みの不安がある人、体が硬い人はできるところまで足を倒しましょう。

\POINT/

体が硬くて足をつかめない場合はできるところで足を止めても大丈夫です。必ずひざは伸ばして、足首を背屈させましょう。これを守らないと狙った筋肉が伸ばせません。

足首は足の甲に向かって90度になるように曲げる（背屈）ことで、固まったふくらはぎに女性らしいしなやかさが戻ります。

2

頭の方に倒したつま先を手でつかみ、脚裏、臀部、腰をしっかり伸ばしたまま30秒キープ。このとき呼吸を忘れずに。

30秒 × 1セット

基本編

大の字に伸びて全身の筋肉を活性化！

緊張とゆるみの繰り返しで体を最大限伸ばす

ココをゆるめる!!

手足を大きく伸ばすため、日中のオフィスワークなどでこり固まっている胸・腰周りの筋肉を気持ちよく伸ばします。

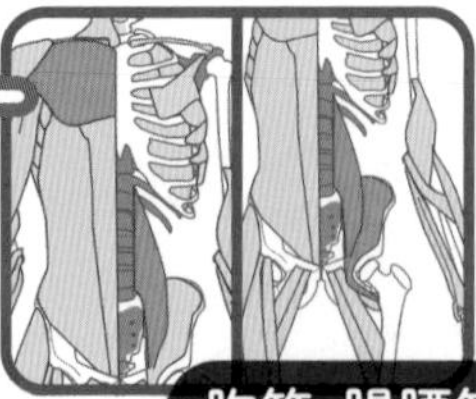

胸筋・腸腰筋

1

目を閉じてお腹の上に手を置いて、体の力を抜きながら呼吸を感じる。体全体が床に沈み込むようなイメージで、リラックスして呼吸を整える。

鼻から吸って口から吐く複式呼吸を行います

\ POINT /

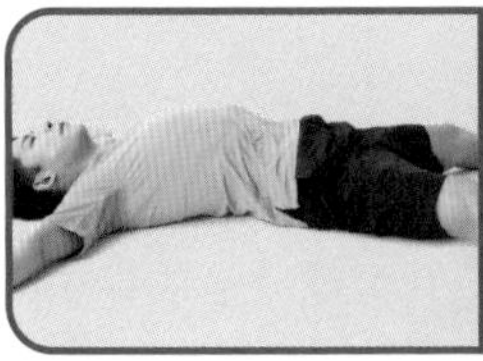

大の字に伸びるときに力を入れすぎると腰が反り腰になり、腰を痛めてしまいます。背中と腰は床についていることを常に意識しながら伸ばしましょう。

2

体で大の字を作るように手足をグーっと引っ張り合います。10秒伸びてから全身の力を脱力させて休み、また10秒伸びる、を3回繰り返す。

手先・足先まで力を入れて伸ばします。より体が伸びるように手はパーに。足も底屈（背屈の反対で爪先を伸ばす）させます。

10秒 × 3セット

基本編

肩甲骨の褐色脂肪細胞を活性化

天使の羽の動きで脂肪をメラメラ燃やす

ココをゆるめる!!

肩甲骨と背中の間にある菱形筋と、肩甲骨と肋骨の間にある前鋸筋を伸ばします。日常ではあまり大きく動かさない筋肉なので硬くなりがちです。

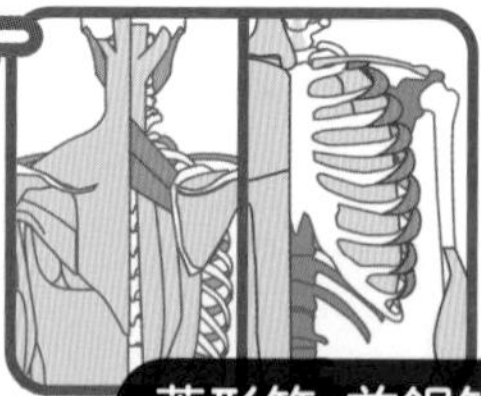

菱形筋・前鋸筋

1

手を体側に置いて、リラックス。呼吸が落ち着いてから指先が一番遠くを通るように頭上へ円を描くように手を動かす。

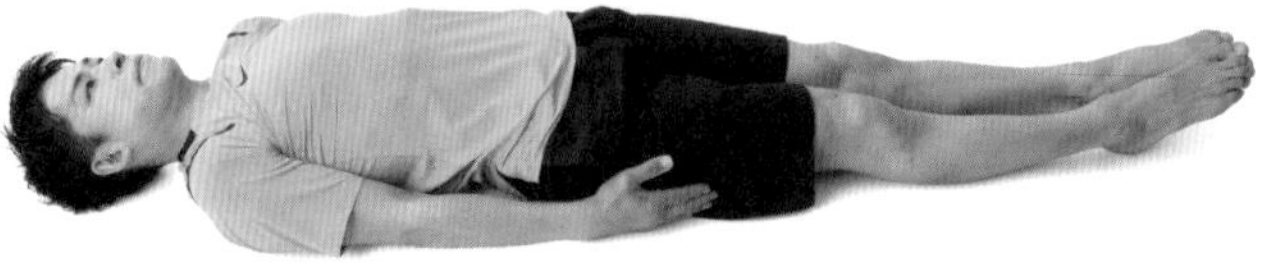

\ POINT /

肩甲骨から手を動かしているイメージをすると、大きく肩甲骨が上下します。周辺にある脂肪を燃やす褐色脂肪細胞を活性化させて、燃焼ボディを目指しましょう。

肩に力が入っていると肩甲骨がうまく動かせないので、肩と首は力を抜いた状態で腕を動かしましょう。

2

5秒かけてゆっくり手を頭上に移動させて、手のひらを合わせる。また5秒かけて指先が遠くを通りながら1の状態になるように、手を体側に戻す。

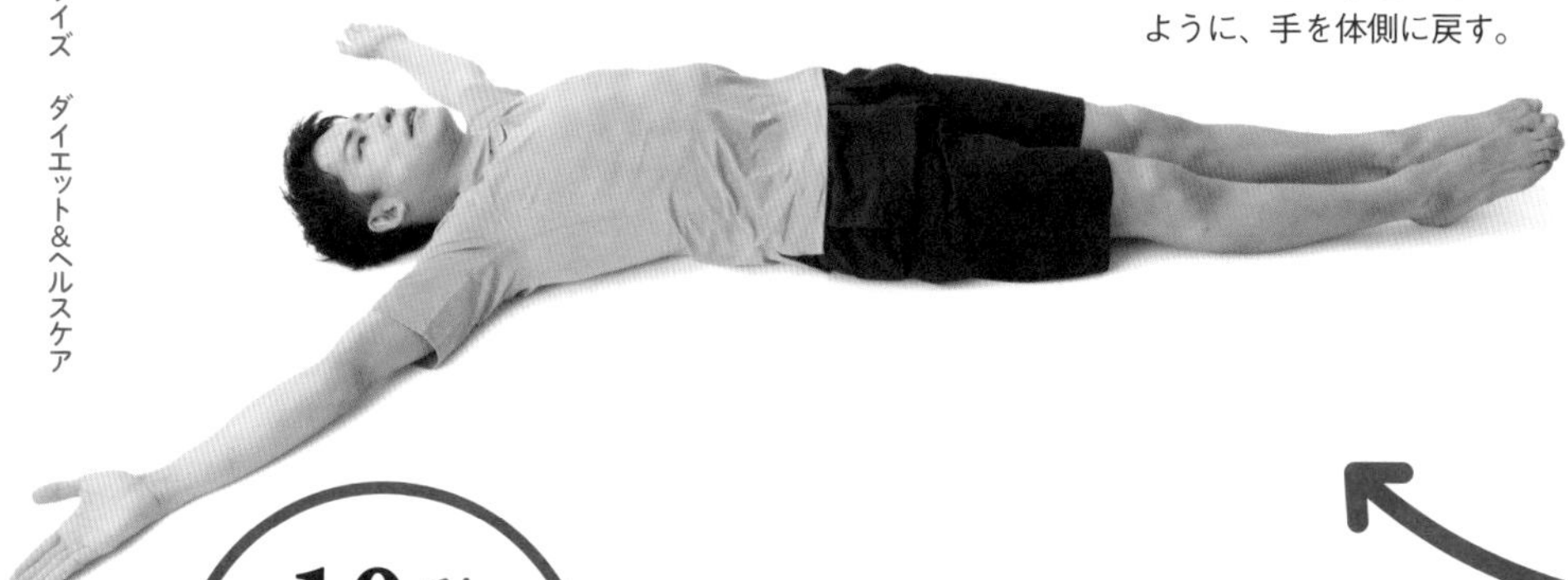

10秒 × 3セット

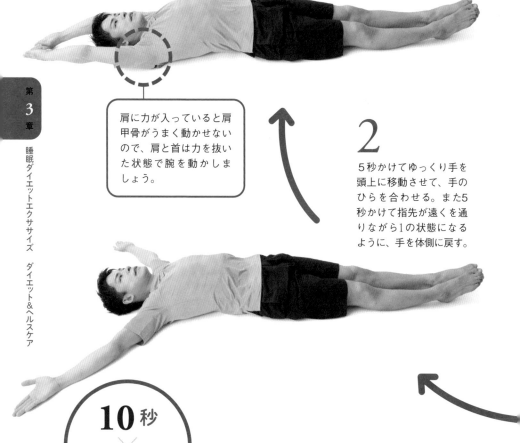

基本編

ねじって気持ちよく極細ウエストに

腰とお尻をゆるめ、ウエストの脂肪を絞る！

ココをゆるめる!!

お尻の筋肉の臀筋、体を前後左右、またねじるときに使う腹斜筋群を伸ばします。姿勢が悪い人はここを刺激することで美しいスタイルに。

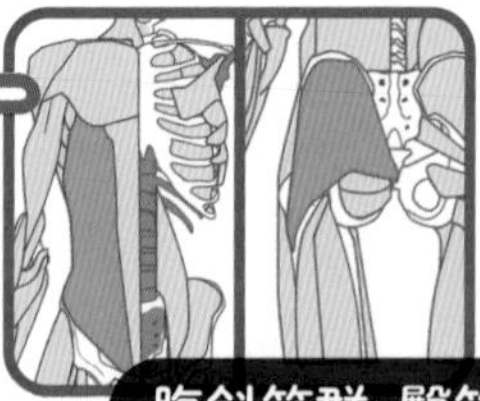

腹斜筋群・臀筋

1

肩や背中は床にべったりつけたまま、ひざを立てて仰向けになり、左の脚を右の脚に軽くかける。

体が硬い人が無理にひざを床に近づけようとすると腰を痛める可能性があります。脚の重みで自然に体がねじれるくらいの力を加えましょう。

\POINT/

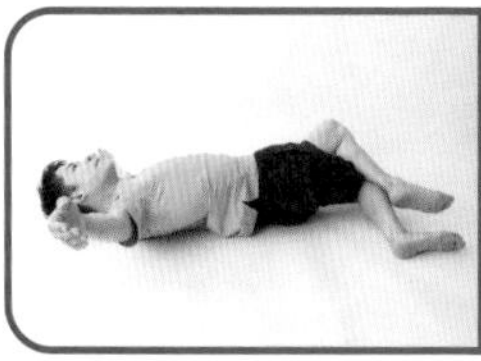

ねじったときに写真のように肩や腰が床から浮いてしまう人は正しい効果を得ることはできません。ひざを床につけることより、肩と腰を床につけたままにすることが大事です。

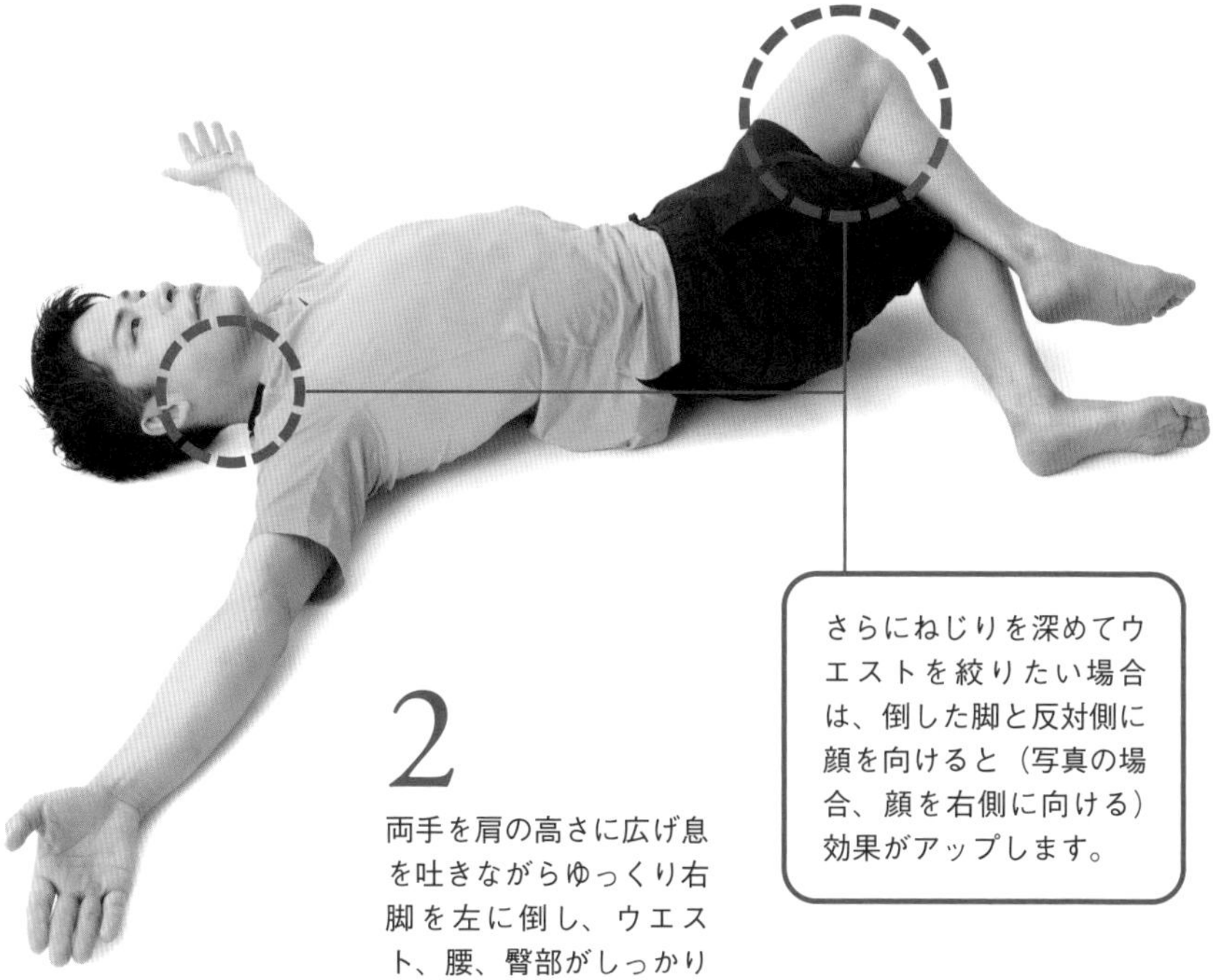

さらにねじりを深めてウエストを絞りたい場合は、倒した脚と反対側に顔を向けると（写真の場合、顔を右側に向ける）効果がアップします。

2

両手を肩の高さに広げ息を吐きながらゆっくり右脚を左に倒し、ウエスト、腰、臀部がしっかりねじれているのを感じながら15秒間伸ばす。反対側も同様に行う。

左右
15秒ずつ
×
2セット

ダイエット編

体幹を鍛えてぽっこり下腹を平らに

アイソメトリック運動で下っ腹を鍛える

ココを鍛える!!

腹部の前面を走る大きな筋肉の腹直筋、腹筋の奥にあるインナーマッスルの腹横筋。力を入れる際に呼吸を意識するのが大切です。

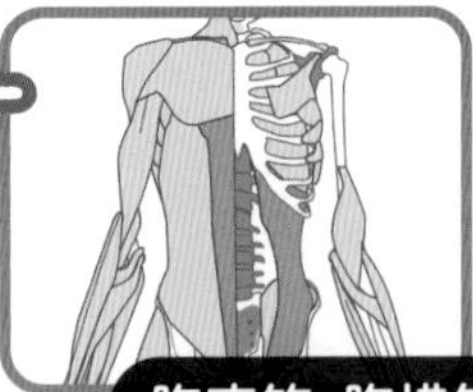

腹直筋・腹横筋

アイソメトリック運動は等尺性運動のこと。筋肉の長さを変えず静止した状態で筋力をアップさせます。

1

静止したまま筋肉に力を入れて鍛えるアイソメトリック運動なので、仰向けに寝そべり、まず下腹の筋肉を意識する。

\ POINT /

アイソメトリック運動は部分やせが可能な運動です。手のひらを胸の前で押し合えば、バストアップと二の腕やせにも効果があります。下腹やせついでに一緒にやってみては？

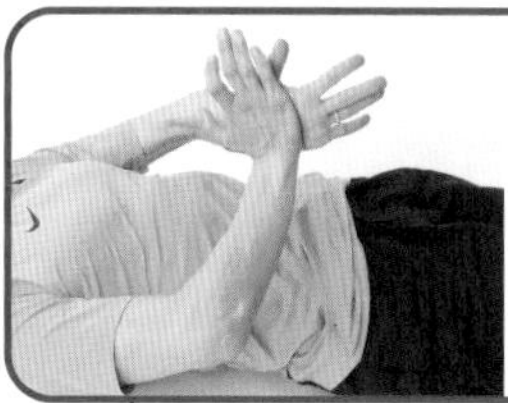

手のひらを押し合っていると、呼吸が止まりがちです。息を吐くときにお腹を縮めると体幹を意識しやすくなります。

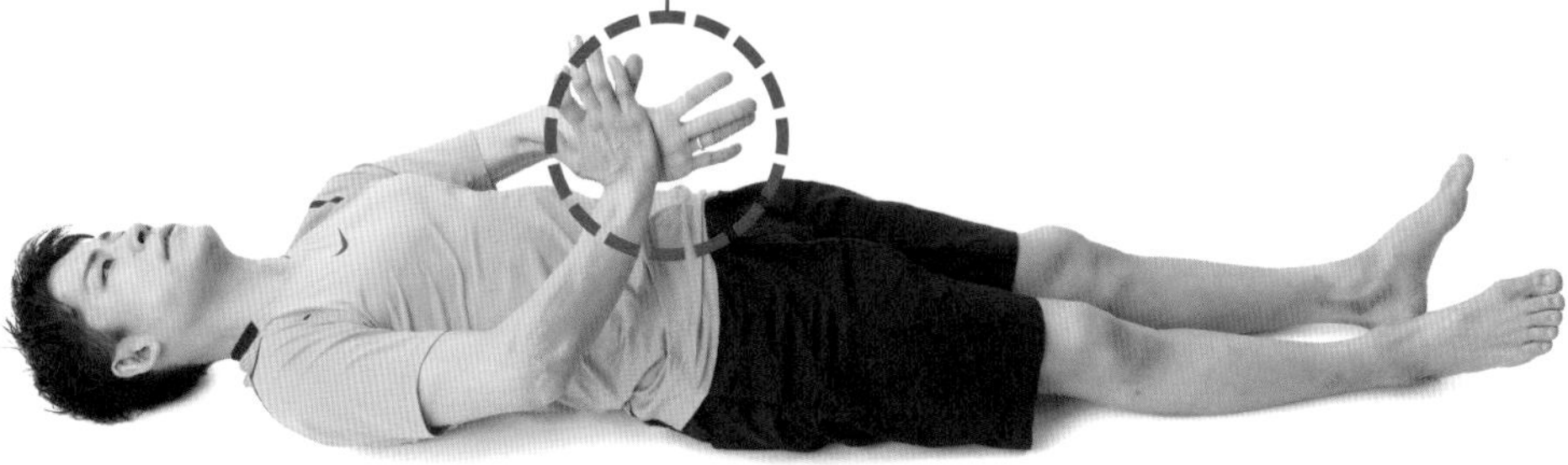

2

下腹の上で手のひらを合わせ、思い切り押し合う。下腹の奥を縮ませるような感覚で体幹に力を入れ、10秒間押す。

10秒 × 3セット

ダイエット編

片ひじ筋トレでくびれを作る

脇腹がプルプル震えてきたら効いてる証拠!

ココを鍛える!!

脇腹部分の筋肉で体をひねる役割を担う腹斜筋と、脇腹よりやや背中寄りの、腰に近い場所にあるお尻の筋肉・中臀筋に効きます。

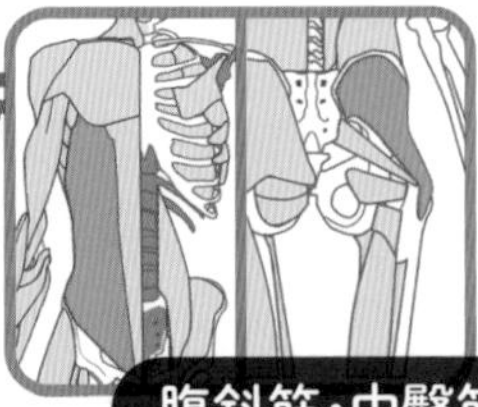

腹斜筋・中臀筋

1

右脇腹を下にして横に寝そべり、右ひじを肩の真下について体を支える。左手は体の脇に沿わせておく。

両足を前後に少しずつずらして床に置くと体のバランスがとりやすくなります。ハードに鍛えるなら、写真のように左足を右足の上に重ねましょう。

\ POINT /

筋力がないと腰が床の方に沈むのと同時に、体の前面が床に向かって斜めになってしまいます。これでは脇腹の筋肉を使えないので、顔も胸も床ではなく真横を見ましょう。

2

右ひじで足と体を支えて、肩からかかとまで一直線になるように体を持ち上げる。右側を10秒静止したら左も同じように行う。

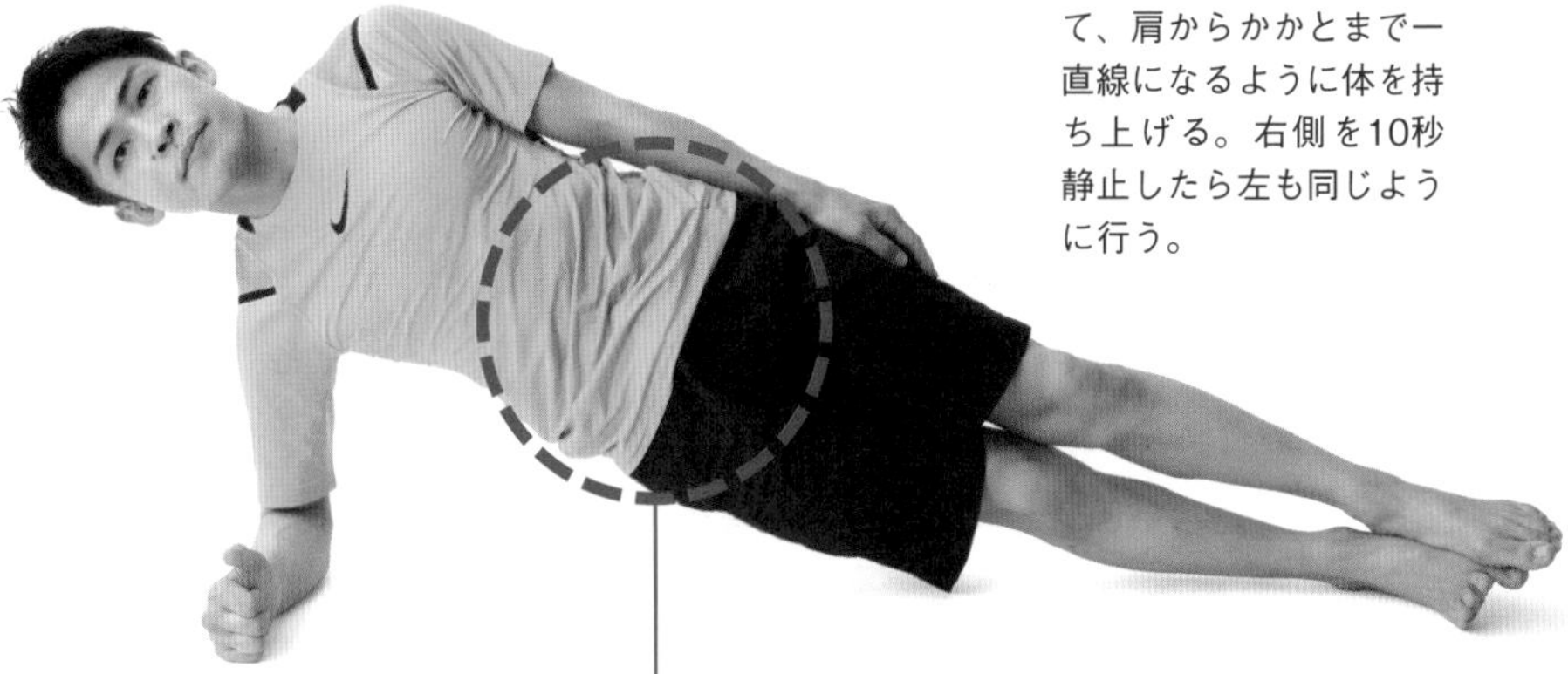

疲れてくると腰が床の方に沈んでしまいます。これでは筋肉に刺激が伝わらないので、腰が糸で上から吊られているイメージで、常に腰を上にキープしましょう。

左右
10秒ずつ
×
3セット

ダイエット編

小さくてプリッとした小尻に！

お尻全体がじんわり熱くなるまで伸ばす

ココをゆるめる!!

お尻の丸みを作っている臀筋。デスクワークや立ちっぱなしの人は、ここの筋肉が硬くなったり、弱くなり、垂れ尻になります。

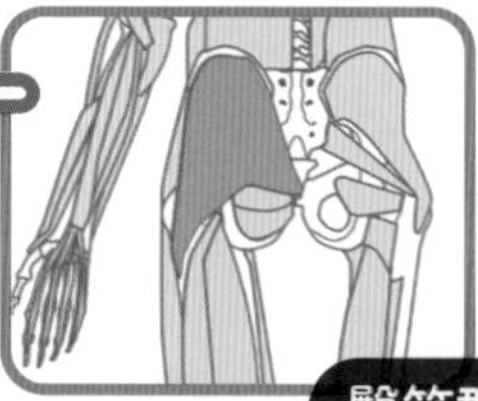

臀筋群

1

床に寝そべったまま、右足首を左ひざの上に重ね、片方だけあぐらのようなポーズをとる。

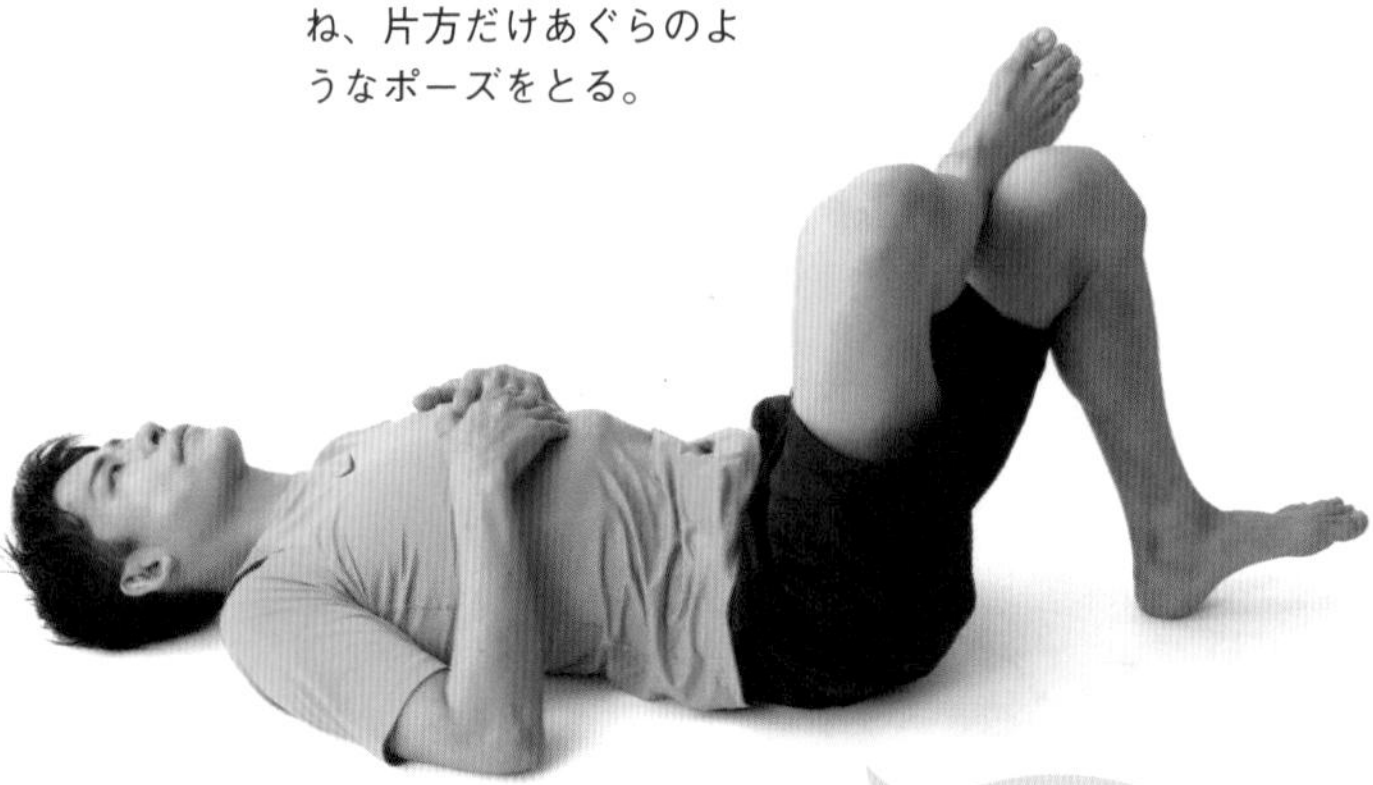

脚を胸に寄せたとき、伸びに左右差を感じる人は体のゆがみがある可能性大！

＼POINT／

脚が胸に近づかないからといって、背中を浮かせるのはNG。股関節が硬く手がひざに届かない人は、上に重ねた脚を持って伸びを深めましょう。

2

重ねた右の脚の間から右手を通し、左手は左脚の外側から抱える。そのまま左の脚をグッと胸に寄せて、臀部からもも裏まで30秒伸ばす。反対側も同様に行う。

お尻の筋肉は骨盤を経由して腰につながっています。この運動でお尻から腰を伸ばして、血流を促します。姿勢が悪い人はこのポーズが痛い場合もあるので、加減しながら脚を胸に近づけましょう。

左右
30秒ずつ
×
1セット

ダイエット編

太ももの前も後ろもごっそり肉をとる

お尻もお腹も一気に引き締められる！

ココを鍛える!!

ももの後面にあるハムストリングスを鍛えつつ、臀部・腹直筋にも効果がある動きです。下半身を一気に引き締めます

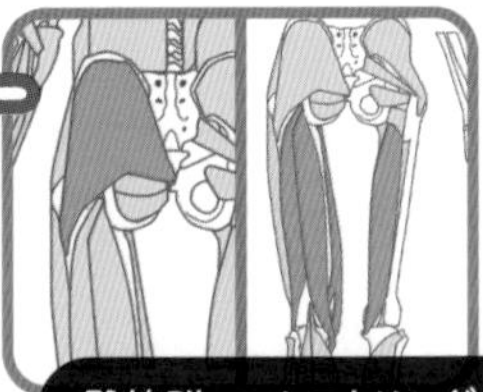

臀筋群・ハムストリングス

1

床に寝そべったまま、背中の力を抜いて右ひざを約90度に曲げて立てる。左足は足首を天井に向けた状態で床に置く。

腰を反らした状態で上げると腰痛の原因に！

\ POINT /

背中から足先まで一直線になることを意識しましょう。お尻とお腹の力をキープしていないと腰が落ちてしまい、筋肉の刺激が少なくなります。ハムストリングスも使っているか確認を！

2

太ももの筋肉と臀筋の収縮の両方を使って腰を床から上げる。腰の高さはそのままに、床に置いていた左足を右足と並行に上げて30秒キープ。反対も同様に。

床から上げた足首は背屈をさせて、かかとを前に押し出すように意識をすると、腰の位置が下がりにくくなります。

左右
30秒ずつ
×
1セット

手の重みを使って内ももを細く

太ももの隙間が筋トレで復活！

ココを鍛える!!

股関節の動きをコントロールする梨状筋は骨盤のバランスを保つのに大きく関与します。ゆがみのない骨盤のためにも大切な筋肉です。

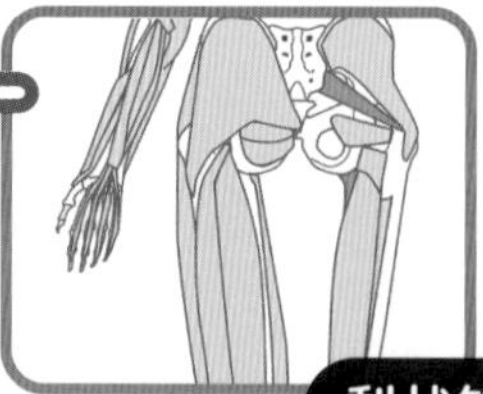

太ももを細くするには、内ももとお尻の筋肉が大事！

1

右側を下に横に寝そべり、両ひざを揃えて約90度に曲げる。右手は頭の下に、左手は軽く左の太ももに添える。

\POINT/

ひざを上げようと一生懸命になるあまり、上半身もつられて上を向いてしまうと梨状筋の筋肉が使われないことに。体は横を向いたままひざだけを上げましょう。

ひざを90度に開けばお尻の外側、45度に狭くすればお尻の内側に効果があります。

2

かかとをつけたままひざを開くように左脚を上げる。同時に左手で上がってくる脚を押すように圧をかける。反対側も同様に行う。

左右
30回ずつ
×
1セット

ダイエット編

二重アゴ&フェイスラインをシャープに

頭と首、胸を伸ばして即・小顔に

ココをゆるめる!!

頸椎から肋骨につながる筋肉で、頭を傾ける動きをする斜角筋。ここが硬くなると血流が滞り老廃物が流れず、むくみ顔になってしまいます。

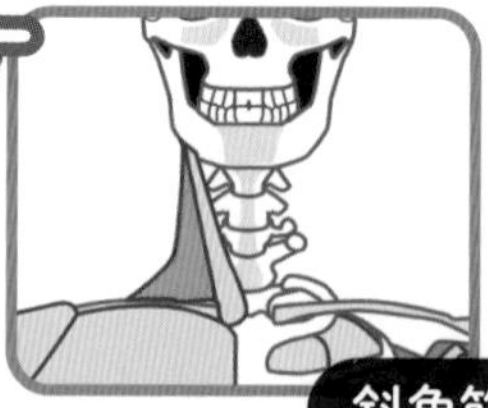

1

枕を肩甲骨の後ろに入れて横になり、胸が天井に突き上がるようにする。そのまま右手をお尻の下に挟みこむ。

首を伸ばしたあと、背中やせのエクササイズ(P76)をするとよい姿勢がキープできます。

\POINT/

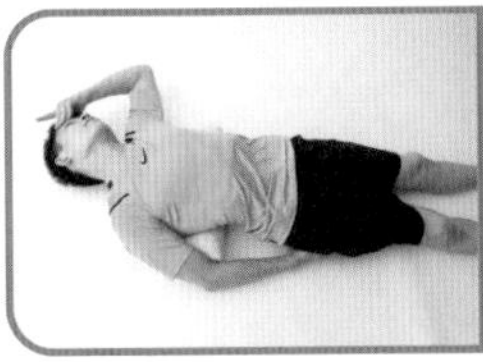

顔・頭部・首につながる斜角筋を伸ばすので、首の血流もよくなります。首は真横に向けるというよりは、首筋が浮き出るように顔を斜め上に伸ばすのがコツです。

肩が浮くと斜角筋が伸びないので、肩は床にべったりつけましょう。枕が柔らかく胸が浮かない場合は、バスタオルを巻いて代用しましょう。

2

左手で右のこめかみを左上方向に引っ張る。このとき右の肩が床から浮かないようにする。反対側も同様に行う。

左右
30秒ずつ
×
1セット

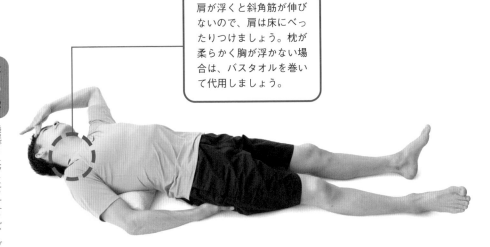

ダイエット編

ブラからはみ出る背中の肉をすっきり

背中を鍛えて脂肪撃退しながら、猫背も解消!

ココを鍛える!!

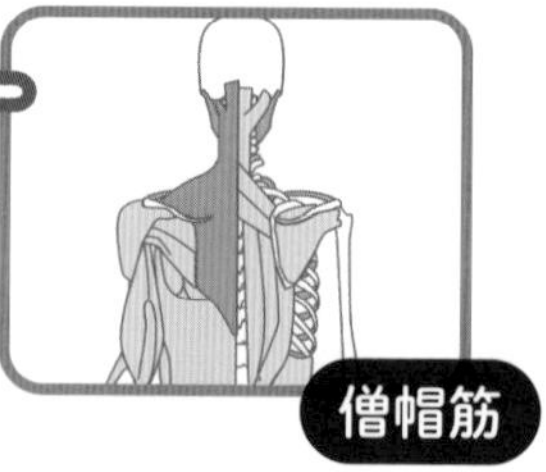

胸を張る姿勢で肩甲骨同士が近づく動きを作る僧帽筋。大きな筋肉のためここを鍛えると基礎代謝がアップします。

1

床にうつ伏せになり、両手のひじを曲げて肩の高さに広げる。足先は肩幅程度に広げ、爪先は床につけておく。

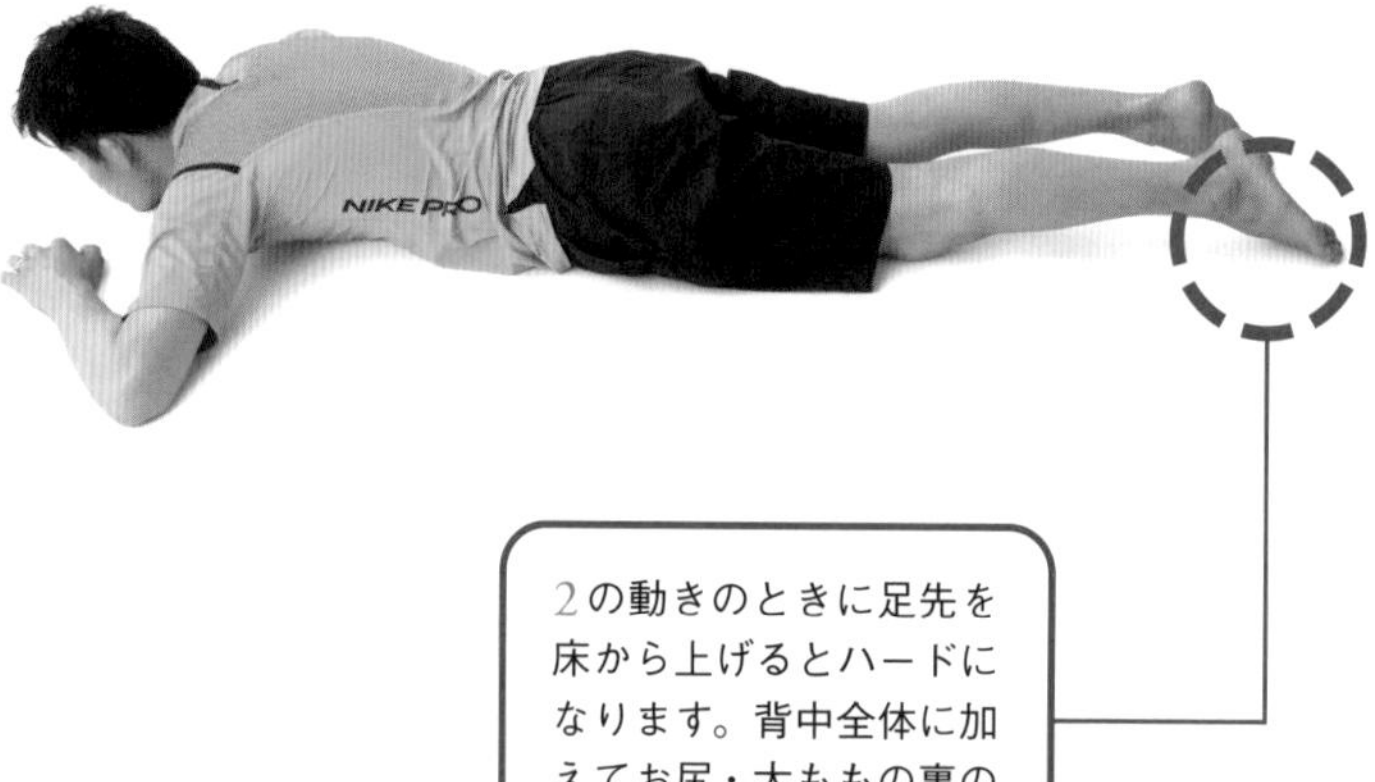

2の動きのときに足先を床から上げるとハードになります。背中全体に加えてお尻・太ももの裏の筋肉にも効果があります。

\ POINT /

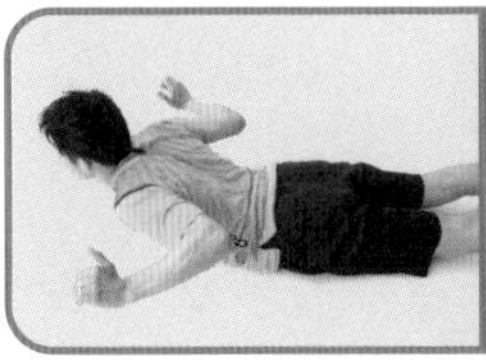

肩甲骨を寄せて体を浮かせたときに呼吸が止まりがちです。10秒間体を浮かせているときもゆっくりと鼻から吸って口から吐く腹式呼吸を意識しましょう。

2

肩甲骨の内側の筋肉を動かすことを意識しながら、肩甲骨を寄せ合うのと同時に胸を床から浮かせる。この状態のまま10秒キープする。

反動を使って体を浮かせるのはNG。背中全体の筋肉を収縮させて浮かせましょう。腰に痛みのある人は無理は禁物です。

10秒 × 3セット

ダイエット編

美しさ2割増しの細くて長い首になる

美人筋肉の胸鎖乳突筋で首とデコルテを整える

ココをゆるめる!!

首の重さを支えつつ、曲げたり回転させたりする動きで使う胸鎖乳突筋。首から鎖骨にかけて斜めに走る色気をアップさせるラインです。

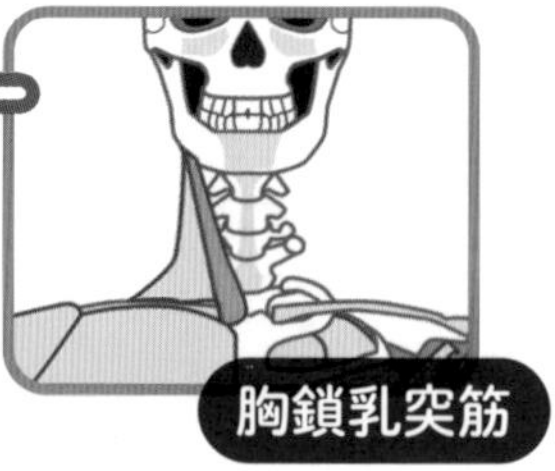

1

床に仰向けになり、右手をお尻の下に挟み、左手で右耳の上を押さえそのまま気持ちのいいところまで首筋を伸ばす。左右それぞれ30秒間ずつ行う。

P76の僧帽筋のエクササイズを一緒に行うと首長効果アップです！

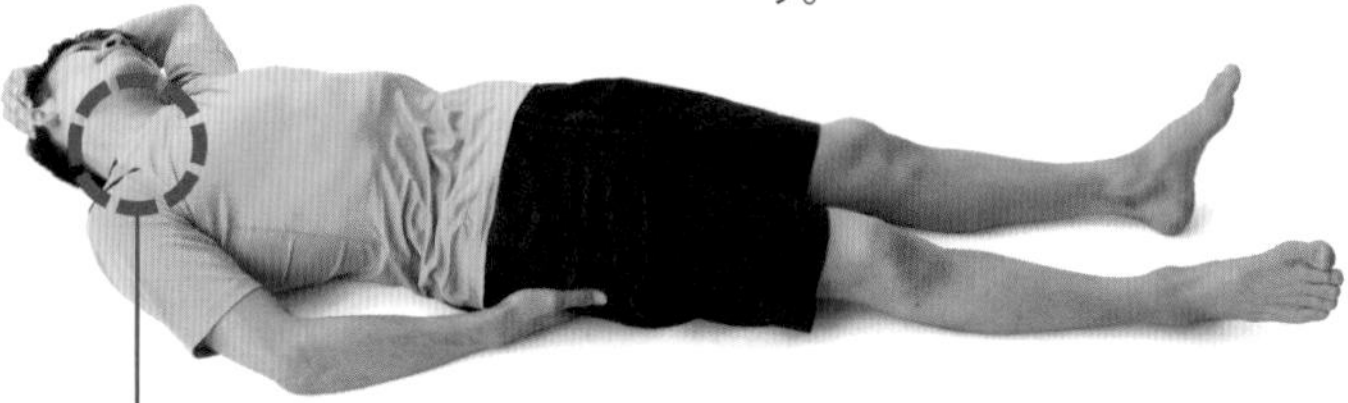

首を伸ばす際に、床につけている肩が一緒に引っ張られてしまうと効果は半減します。肩の位置はキープしたままで伸ばしましょう。

\ POINT /

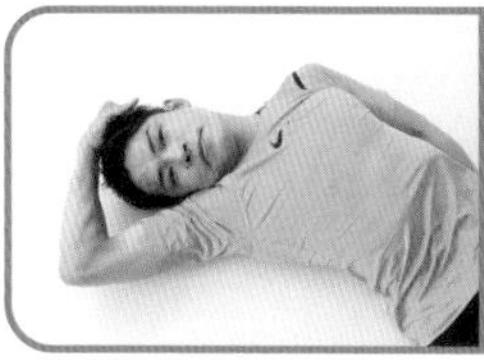

P 76のエクササイズに似ていますが、首を倒す角度が違います。アゴを少し上に向けて倒すと二重アゴ解消に。首を横に倒すとほっそり首のエクササイズになります。同時にふたつ行なうのもおすすめです。

2

このエクササイズは座った状態でも行うことが可能。お尻の下に手を挟み、反対の手で耳の上を押さえながら力を加えず手の重みで首を真横に倒していく。

左右
30秒ずつ
×
1セット

ダイエット編

猫背を解消して姿勢の美しい人になる

猫背で内側に入り込んだ巻き肩をタオルで治す

ココをゆるめる!!

肋骨から肩甲骨の内側についている筋肉。腕を前に出すときに使う筋肉で、ここが硬くなると肩甲骨が前に引っ張られ猫背になります。

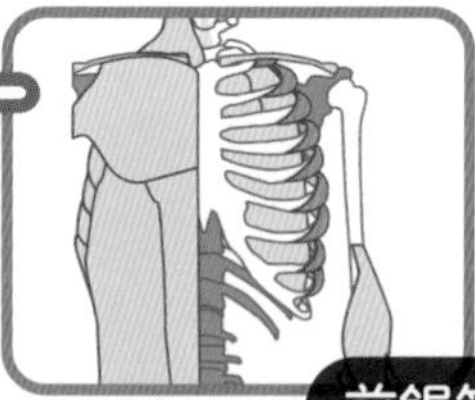

前鋸筋

ひじはなるべく真っ直ぐにすることを意識して！

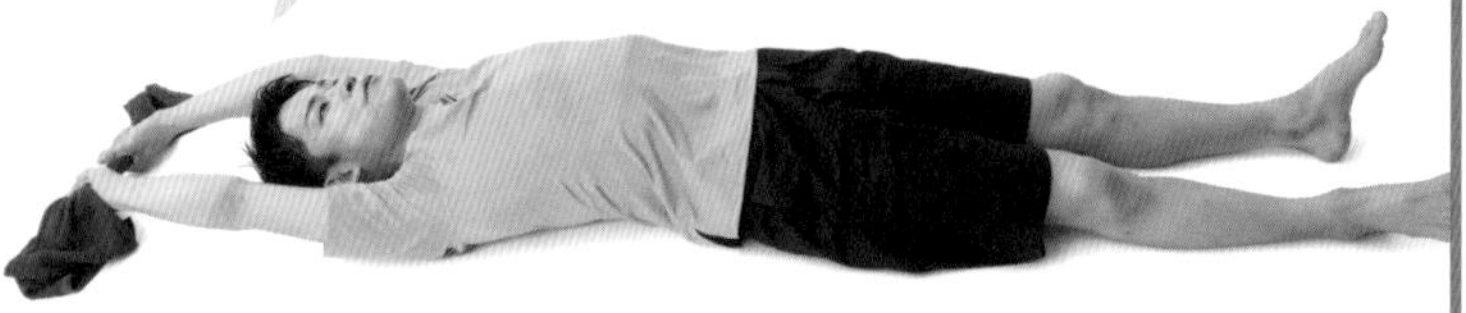

1

仰向けになり、背中全体を床につける。両手でタオルを持ち、頭上に上げる。このときタオルの幅はなるべく狭く持つ（こぶし２つ分ほど）。

\ POINT /

タオルを持つ幅が短い方がより強く前鋸筋が引っ張られるので高い効果があります。しかし、巻き肩がひどい人は腕を真っ直ぐ上げることができないので、タオルの幅を大きくしましょう

2

頭上の右手を右側にひっぱり、左の脇腹から脇の下まで15秒伸ばす。このとき下半身は動かさないように注意する。反対側も同様に行う。

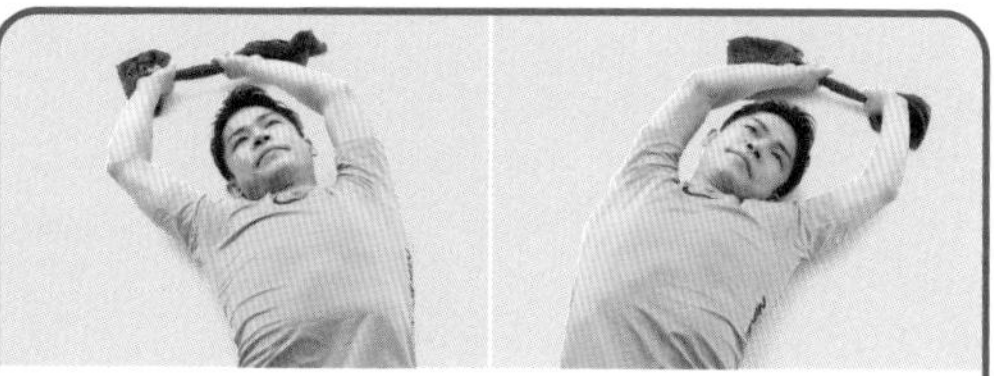

伸ばしている側の肩や背中が浮いてしまうと伸ばしたい前鋸筋に効かないので、背中は床につけたまま左右にひっぱる。

左右
15秒ずつ
×
2セット

ダイエット編

振袖のように脂肪がゆれない二の腕に

二の腕のたるんだ脂肪は簡単腕立てでサヨナラ！

ココを鍛える!!

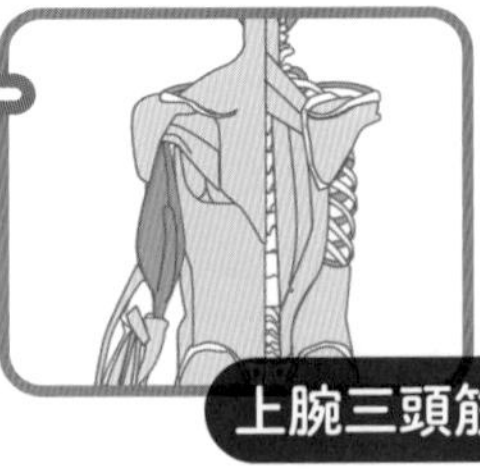

二の腕の裏側にある筋肉。腕の筋肉の中ではもっとも大きな筋肉なので、鍛えることで代謝アップにも効果のある筋肉。

背中は反り腰にならないように！

1

手は肩幅より少し広めにして、ひざは腰の下で四つんばいになる。

\POINT/

体を上げ下げできない場合は、写真のようにアゴを床につけた状態からスタートして、①のポーズにまで戻します。①のポーズから床にアゴをつけるのはかなり筋力を必要とするので、必ずアゴをつけた状態からスタートしましょう。

2

二の腕の筋肉を意識しながらゆっくりひじが90度になるくらいまで曲げ、そのままゆっくり元の四つんばいに戻る。これを繰り返し10回行う。

ひじが体から離れ、開いてしまうと二の腕ではなく、胸に負荷がかかってしまい効果が半減します。二の腕は体に沿わせたままをキープしましょう。

10回 × 3セット

ダイエット編

全身やせを叶えるお尻歩き

体幹を使うお尻歩きで骨盤を整える

ココを鍛える!!

骨盤を動かしてそけい部に付着する腹横筋、腹斜筋を使うエクササイズです。これらを鍛えることで骨盤の位置が整えられ、腰痛改善にも効果的です。

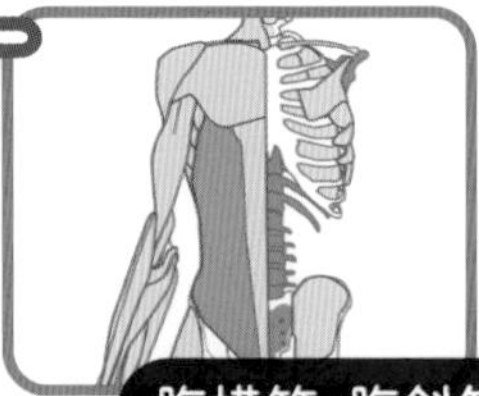

腹横筋・腹斜筋

1

両足は前方に真っ直ぐ伸ばし、腰から上半身を引き上げ、骨盤を真っ直ぐ立てます。

\ POINT /

歩くときのように腕を振って歩くと、上半身と下半身をねじる運動も加わりウエスト引き締め効果もアップ。日中は交感神経がアップしても構わないので、たくさんこのエクササイズを行い代謝を促しましょう。

骨盤を立てて動かすことで、骨盤のゆがみが矯正されます。また、体幹や腹筋を効果的に鍛えることもできるので、背中と骨盤は常に真っ直ぐにしたままの姿勢を保って歩きましょう。

2

お尻から脚全体を浮かせて一歩ずつ歩くように前進していきます。10歩前に進んだら、今度は10歩後ろに下がる。

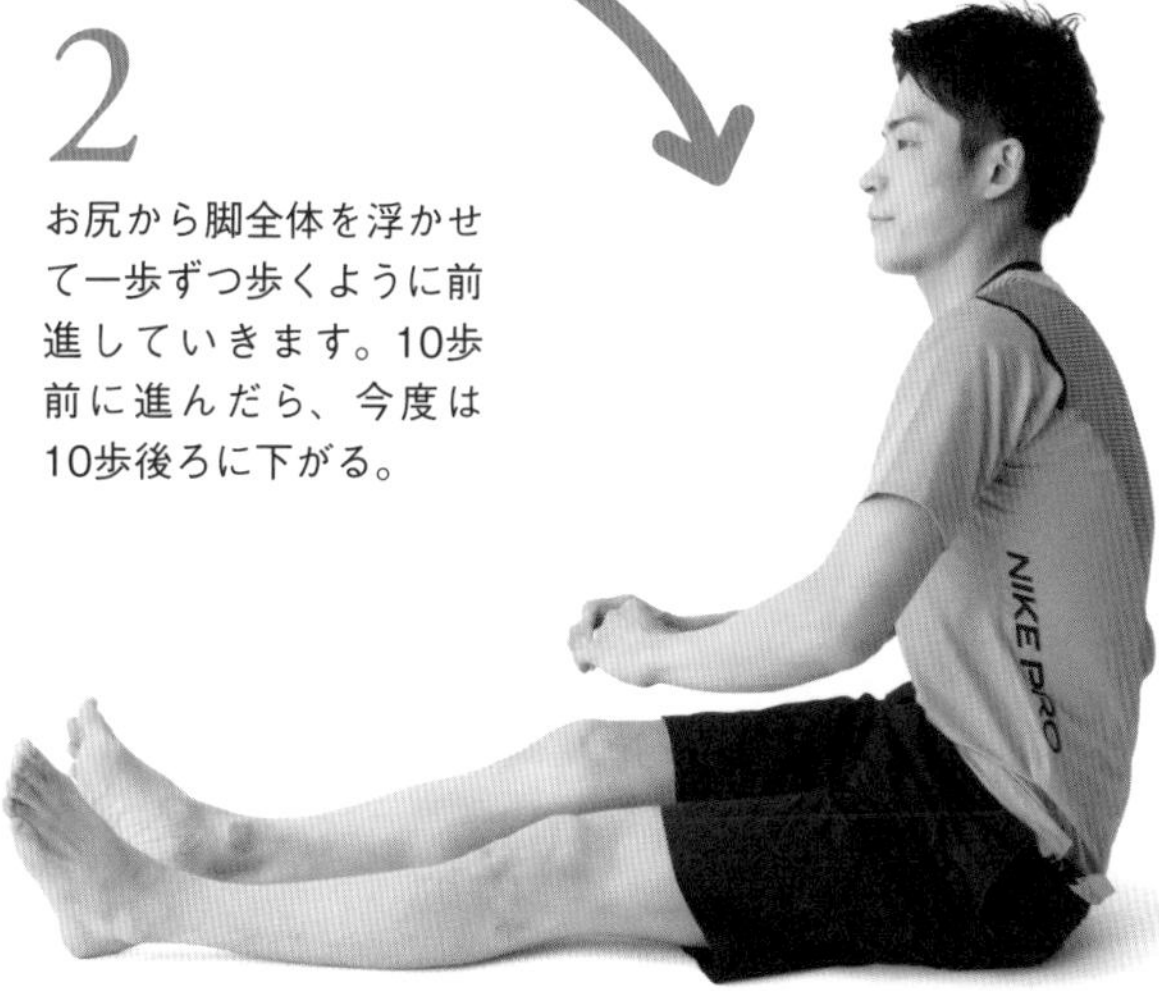

前後
各10歩
×
3セット

ヘルス編

肩甲骨をべりっとはがして肩こり解消

1日の疲れを癒す、自分ハグのポーズ

ココをゆるめる!!

肩甲骨を寄せる働きのある筋肉で、パソコンの使いすぎなどで硬くなります。ここをゆるめることで血流がよくなり肩が楽になります。

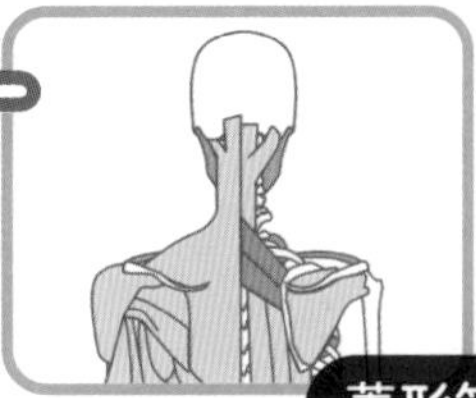

副交感神経を高めるため、呼吸を整えましょう。

1

床に仰向けになり、右腕を左腕の上にして胸の前で腕をクロスし、自分を抱き締めるように手のひらで二の腕に触れる。

\ POINT /

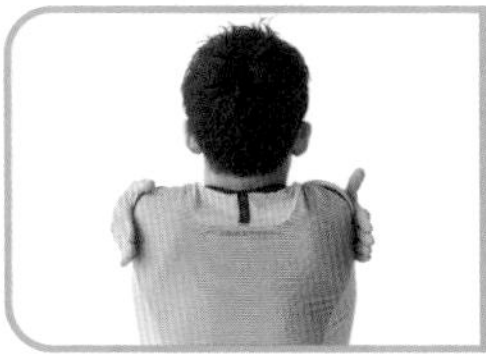

クロスした手のひじ同士をぴったりと重ねることを意識すると手が肩甲骨に届きやすくなります。手が届かない人は、写真のように両方の手を肩に置くだけでも効果はあります。

2

両方の手をぐっと背中の下に入れ込むようにして、肩甲骨をつかみ、背中から肩甲骨をはがすように、外側へ広げ30秒静止。今度は左腕を上にクロスして同様に行う。

写真のように座った姿勢でもエクササイズは可能です。仕事中など肩こりや背中の張りが気になったときに行いましょう。

左右
30秒ずつ
×
1セット

こめかみ押し&口を開けて頭痛解消

大きな口を開けてストレス&頭痛にサヨナラ

ココをゆるめる!!

歯を噛み締めていると下顎骨に力が入り、そこにつながっている側頭筋も緊張をして頭痛になります。こめかみを押しながら口をあけて、一度に両方を刺激してほぐしましょう。

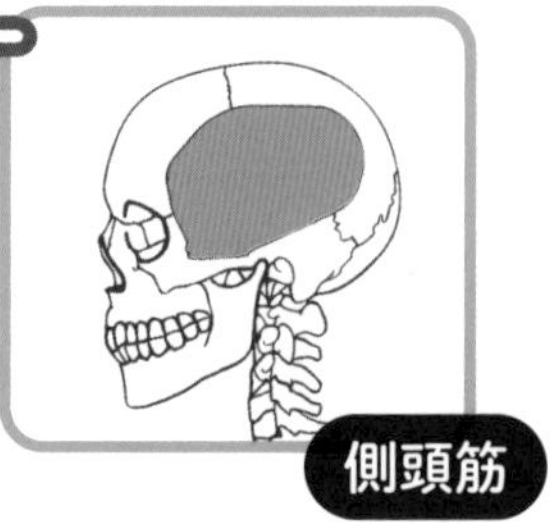

1

床に仰向けになり全身を脱力させ、鼻から息を吸い口から吐く腹式呼吸をする。呼吸が落ち着いたら、両方の手のひらをこめかみに当てる。

頭痛は首・肩こりからも引き起こされます。

\POINT/

下顎骨をほぐすために口を開けるとき、あえて顔に力を入れて目や口を大きく開いてから脱力すると表情筋もリラックスします。口角もアップしやすくなります。

座った姿勢でもエクササイズは可能です。頭痛がつらい場合は、ホットタオルで目とこめかみを温めながら行うとより効果的です。

2

こめかみに当てた手に軽く力を入れ、側頭筋をぐるぐると円を描くようにほぐす。同時に口を大きく開け閉めして下顎骨もほぐす。

30秒
×
1セット

ヘルス編

腰痛を解消する体幹トレーニング

タオル1枚でキツイ腰の痛みを断つ!

ココを鍛える!!

腰から大腿骨をつなぐ筋肉が腸腰筋です。腹横筋は腹筋のインナーマッスルで、そけい部に付着しています。これらが疲労して筋肉のバランスが崩れ腰痛に。ここが整うと腰痛予防になるほか、姿勢や下腹部の引き締めにも効果的です。

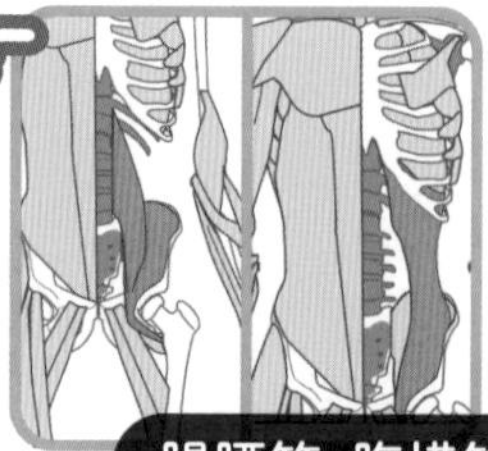

腸腰筋・腹横筋

1

仰向けになり、かかとをお尻になるべく近づける。ひざを揃えた状態で、ひざの下にタオルを挟む。お腹に力を入れて凹ませる。

反動を使って腰を上げないようにするため、タオルを使いましょう

\POINT/

腰が痛い人は骨盤が前傾・後傾していることが多く腹横筋や腸腰筋のバランスが悪いと考えられます。インナーマッスルであるそれらの筋肉を鍛えると骨盤を正しい位置に戻すことができます。

2

お腹を凹ませた状態のまま息を吐きながら、タオルを落とさないようにひざを胸に近づけるイメージで腰を床から浮かせる。上げた腰はゆっくり床に下ろす。この動作を15秒かけて行う。

腰を浮かせる際に反動を使うのはNG。腰を高く上げることよりも、少ししか上がらなくてもいいので、お腹の奥の筋肉を使って上げることを意識するのが大切です。

15秒 × 2セット

ヘルス編

首こり・スマホ首の疲労をとる

下を向きすぎて痛い首は押して伸ばす

ココをゆるめる!!

首の後ろ側で後頭部と背骨をつなぎ、首の伸展・回旋・側屈で働く板状筋。うつ伏せでのスマホ操作などでこれらの筋肉が硬直し痛みを引き起こします。

板状筋

1

あぐらになり、右手で首の後ろのツボの天柱（首の後ろの２本の太い筋肉から左右へ親指１本分外へずれた場所）を親指で強めの力で押す。

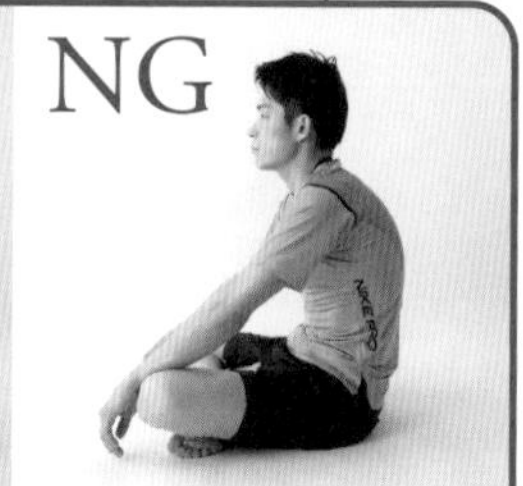

あぐらで座った際に、お尻の骨が床についている感覚があれば骨盤を立てて正しい姿勢で座れています。猫背のままでは効果が期待できません。

\ POINT /

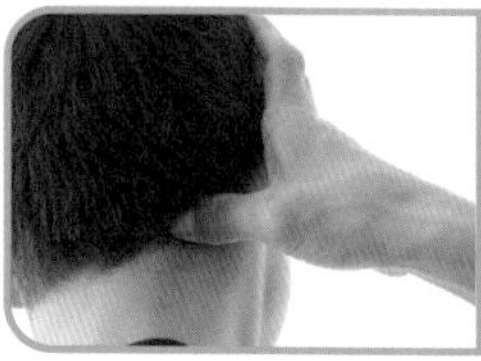

天柱は頭がい骨と首をつなぐ板状筋の始まりの部分に近い場所です。親指で押すときは、少し下から指を入れ込むイメージで圧迫しましょう。

2

右手で心地よい痛みを感じる程度に天柱を押したまま顔を左上斜め45度に15秒向ける。その後15秒左下斜め45度を向く。反対側も同様に行う。

左右 30秒ずつ × 1セット

ヘルス編

肩甲骨のコリとり&肩の可動域アップ!

自分でできる「肩甲骨はがし」はコレ!

ココをゆるめる!!

腕を外向きにひねる筋肉ですが、意識して使うことがないためガチガチに固まりやすく、痛みを引き起こします。

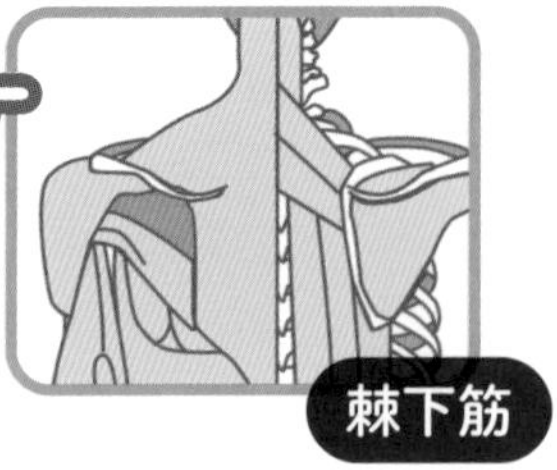

筋肉をほぐしやすくするため、呼吸を忘れずに!

1

背中はべったりと床につけた状態で仰向けに寝る。手のひらを床に向けて、腰の下に両手を入れる。

\POINT/

肩甲骨の痛みや背中の張りが気になる人、また40・50肩の人におすすめです。ボールを投げるスポーツをしている方は特に念入りにこのエクササイズを行いましょう。

仕事中などに肩甲骨周りのこりを感じたら、座ったままこのポーズをとるのも効果的です。

2

腰の下に入れた手を体の中央に向かって、ひじとひじを寄せ合うように近づける。このとき、背中全体が横に伸びるように肩甲骨同士を離す。

10秒ずつ×3セット

ヘルス編

背中の広範囲のこりと痛みに効く

血流をアップして背中がじわっと熱くなる

ココをゆるめる!!

背中の痛みを解消するのに腕をねじるのは不思議に思うかもしれませんが、上腕骨は広背筋につながっているので、腕を伸ばすことが大切です。肩はしっかり反対の腕の間に入れましょう。

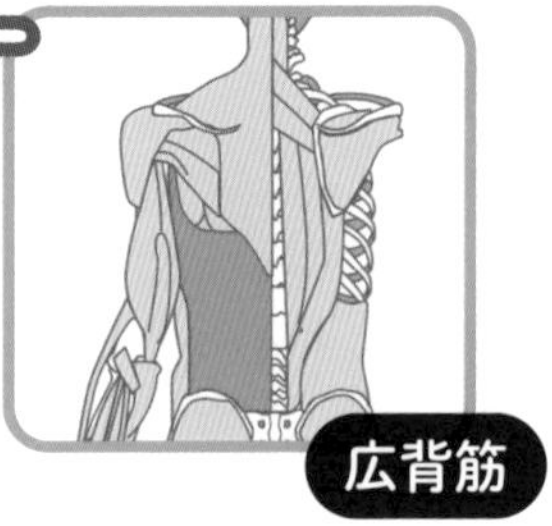

1

ひざは腰の真下に、手は肩の下に肩幅程度に開いて、四つんばいになる。

\POINT/

首や肩に痛みを感じている人は、四つんばいのまま両手を前にずらし、床に顎をつけ背中を伸ばすポーズも効果的です。(顎は床につけなくても、背中と胸が伸びている感覚があれば大丈夫です)

2

立てたままの左手の下に右手を滑り込ませ、こめかみを軽く床につけ、左手の間をのぞき見るような姿勢になる。背中全体がねじられて伸びている感覚があればOK。反対側も同様に行う。

ひざが90度になっていないと、背中の伸びの効果は半減してしまいます。お尻を上に突き出しているイメージで姿勢を保ちましょう。

左右
30秒ずつ
×
1セット

ヘルス編

眼精疲労と目のむくみを一気に解消

疲労で小さくなった目をパッチリ目に！

ココをゆるめる!!

目の周辺にあり、瞼を閉じる動きをする眼輪筋。年齢を重ね目を凝らすことが増えると、この筋肉が酷使され血流が滞り、目の周りがむくむほか、頭痛、肩・首のこりにもつながっていきます。

眼輪筋

あぐらの姿勢で座るときの骨盤は必ず立てましょう。（P92参照）骨盤が立っていないと、首から背中、腰までのこりの原因になります。

1

骨盤を立ててあぐらで座り、両手の人差し指と親指で軽く上瞼と下瞼を押す（まぶたの皮膚は薄いので強く押すとシワの原因になります）。

\ POINT /

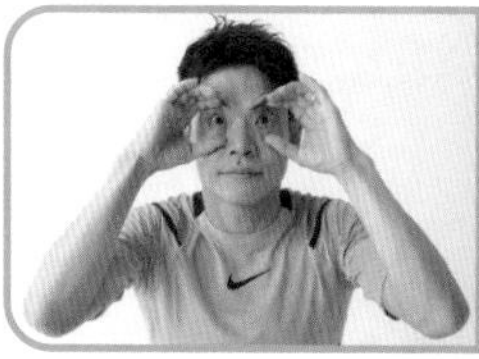

長時間スマホやパソコンを見ていると目の筋肉の眼輪筋が硬直します。エクササイズの前にホットタオルで温めてからほぐすと効果倍増です。

目を大きく開くことを意識しましょう！

2

人差し指と親指で上下に瞼を開き、開き切ったところで上下に指を弾くように離す。これを10回繰り返す。

両目
10回
×
1セット

ヘルス編

ふくらはぎをゆるめて冷え性を改善

第二の心臓・ふくらはぎを使って血流増！

ココをゆるめる!!

血流が滞ると冷え性に。下半身に溜まった血をめぐらせるためには第二の心臓といわれるヒラメ筋・腓腹筋などのふくらはぎをゆるめてポンプ機能を活性化させましょう。

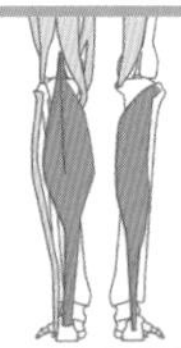

下腿三頭筋

1

座ったまま、タオルをつま先に引っ掛け、タオルの端を右手で持つ。

\ POINT /

脚を真っ直ぐにした状態のまま、上げられない人は、ひざを軽く曲げても問題ありません。ただ、ヒラメ筋、腓腹筋を伸ばすため、足首は必ず背屈しましょう。

足首は脚と直角になるように背屈することで、より脚の裏側の伸びが深まります。

2

左手で体を支えながら背中を床に倒し、タオルをかけた脚は真っ直ぐに伸ばしたまま天井に向ける。このときふくらはぎと臀部をしっかり伸ばす。反対の足も同様に行う。

両足
各30秒
×
1セット

ヘルス編

むくみを治し同時に体幹も鍛える!

そけい部プッシュ&腸腰筋回しでむくみを一掃

ココをゆるめる!!

内臓と背骨の間にあるインナーマッスルで太ももを上げたり腰の安定に関わる筋肉です。ここをほぐし、鍛えることでつまずきによる転倒も防ぎます。

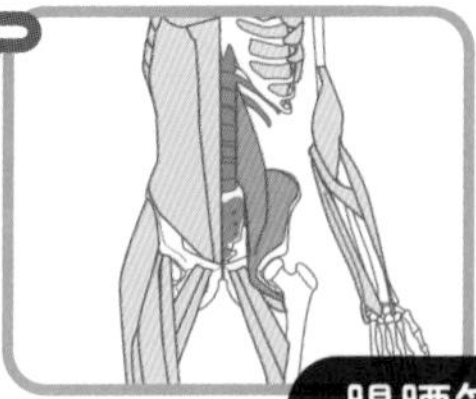

腸腰筋

1

仰向けに寝そべり、右手で右脚のそけい部にあるリンパ節のあたりを優しく押さえる。

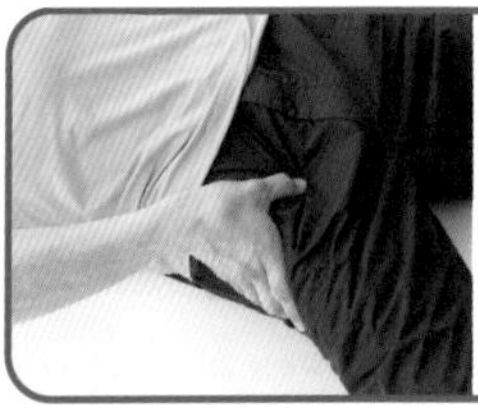

そけい部の周りには脚に流れる太い静脈があります。デスクワークなどで、股関節が硬くなるとここの血流が滞るので、優しく圧迫して血流を活性化させましょう。

POINT

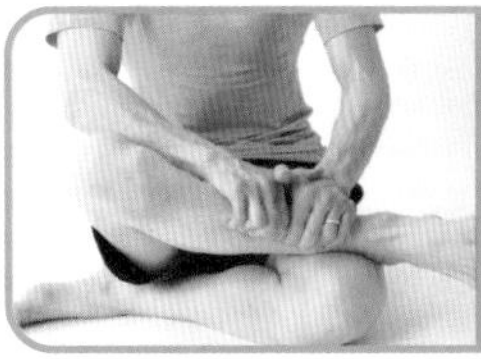

オフィスなど座っているときにむくみを解消したい場合は、指で前頚骨筋（つま先を上げたときに盛り上がるスネの筋肉）に圧を加えながら両足首を内・外回しをするとむくみと冷えを改善してくれます。

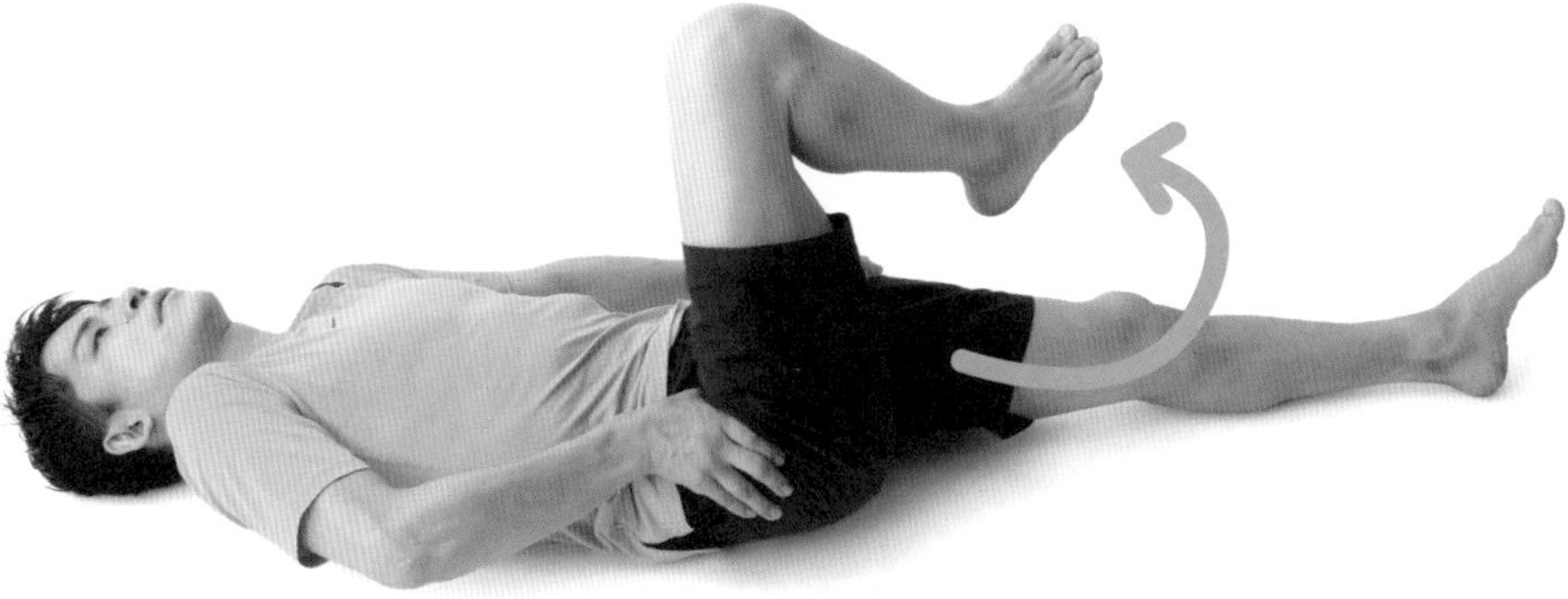

2

右手でそけい部を圧迫したまま、右脚のひざで大きく円を描くように外回しに10回、内回しに10回周します。反対の脚も同様に行う。

両脚内外周し
各**10**回
×
1セット

O脚・X脚を真っ直ぐに！

内側・外側の筋肉を整えてスラリ脚

ココを鍛える!!

脚の筋力のバランスが悪く、骨盤がゆがんでいるため、筋肉に骨が引っ張られて脚が曲がっています。X脚はひざが内転しやすいので脚の外側の筋肉と大腿筋膜張筋を、O脚は脚の内側の内転筋を鍛えます。

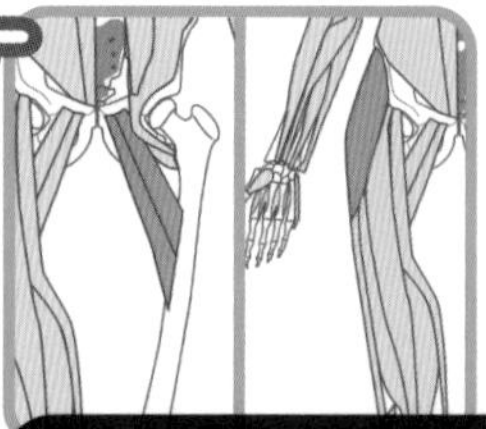

内転筋・大腿筋膜張筋

X脚

1

右体側を下にして、ひじで上半身を支え、左脚の太もも部分に左手で重みを加える。

2

上半身を固定して、左手で重さを加えたまま左脚全体を上げる。脚を下ろすときは足先同士をつけないように。両足20回ずつ上げ下げを行う。

POINT

脚の外側と内側の筋肉をそれぞれ鍛えることで、脚を真っ直ぐに整えるエクササイズです。反動を使って上げ下げをするのではなく、ゆっくりでいいので筋肉を使っているのを意識しながら動かしましょう。

O脚

1

X脚の①のように寝そべり、右脚の内ももに左手で重みを加える。その重みをキープしたまま、右脚を上げ下げする。両足20回ずつ行う。

脚を上げにくい場合は、後ろに引いた反対の脚を背中側に引くと動かしやすくなります。

両足
各20回
×
1セット

ヘルス
編

代謝を上げて体の免疫力アップ

空中自転車漕ぎで全身の代謝をアップ

ココを鍛える!!

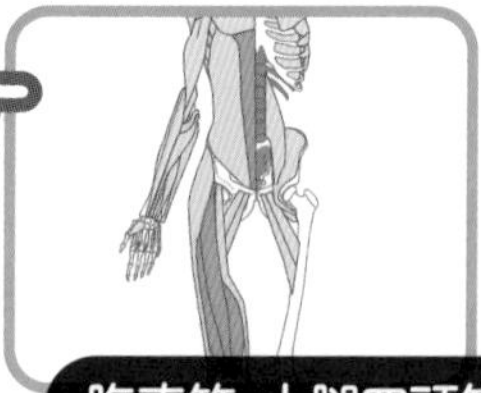

腹直筋・大腿四頭筋

腹筋と太ももの前の筋肉を使う動きになります。全身を使う有酸素運動の効果もあります。脚を上げるためむくみの解消にもなります。

②で脚を上げるときは腹筋を使い大きく漕ぐことを意識して！

1

床に仰向けに寝て、背中全体をしっかり床につける。手のひらを床に向けて腰の下に入れ込む。

\ POINT /

自転車漕ぎをする際に、脚を早く動かしすぎると息が上がり交感神経が活発になり寝つきが悪くなります。脚はゆっくり回転させることが大切です。

2

軽く腰を浮かせて、自転車を漕ぐようにゆっくり脚を動かす。30秒間動かしたら、今度は逆回しに動かす。

背中は床につけたまま、頭を上げてひざを見ながら自転車漕ぎをすると、より腹筋に負荷がかかります。全身の代謝アップの効果ものぞめます。

両回転
各30秒
×
1セット

ルーティーン編

デスクで燃焼・日中ルーティーン

オフィスで動いて、寝ているときに燃える体にする

デスクワークや家事でこりがちな体をそのままにしていると、夜にはほぐれにくくなっています。日中座りながらできるこりほぐしのエクササイズで、睡眠時により血液が流れる体を作りましょう。

1 肩こり

左右各30秒

パソコンやスマホの見すぎでガチガチの肩。デスクワークは特に上半身が硬くなるのでP86のエクササイズで肩の可動域を広げましょう。

2 背中の重み

左右各30秒

前屈みでデスクにしがみついていると、猫背になり痛みを感じる肩甲骨周り。右ひじを曲げ、左手で右肩を持ち肩を左側に引っぱり背中の筋肉を横に広げましょう。反対側も同様に行います。

3 首こり

左右各30秒

ゴリゴリと音を立てて首を回していませんか？頸椎を痛める可能性もあるので、P92のゆっくり指圧&ストレッチで伸ばしていきましょう。

4 眼精疲労

30秒

目の疲れが頭痛、首、肩のこりを引き起こします。P98の優しく目をいたわる動きで、ルーティーンを終えましょう。

ルーティーン編

疲れたときのおさぼりルーティーン

疲労困憊でもこれだけやれば睡眠中に代謝アップ!

どうしても疲れて動けない日もありますよね。そんなときに無理にエクササイズをして寝つきが悪くなるくらいなら、ダラダラと寝そべりながら疲れを取りませんか? 疲労回復&血流促進で一石二鳥です!

1 下腹引き締め

10秒×3セット

体幹を鍛えて燃える体にするなら、P64エクササイズを。余力があるなら手の位置を胸の前に変えて胸筋も鍛えましょう。

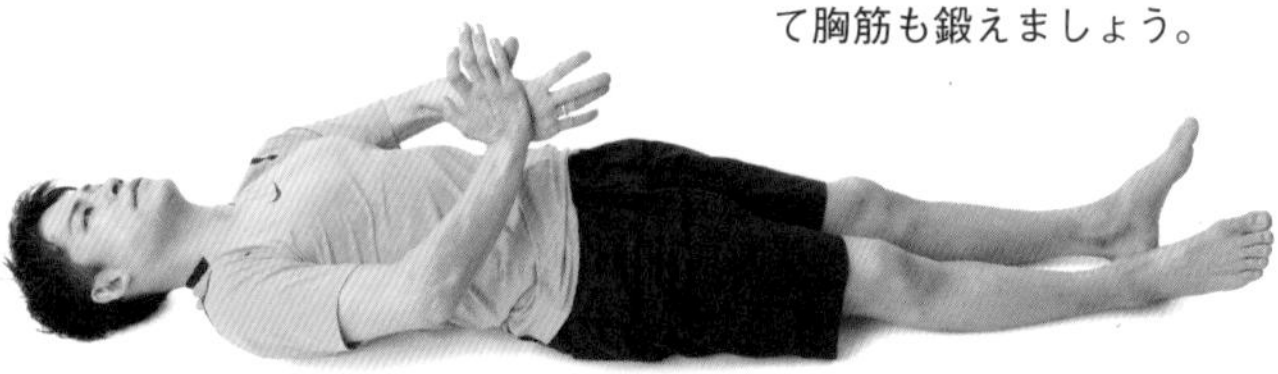

2 ウエスト引き締め

左右各15秒×2セット

P62の腰まわりをねじるエクササイズで、デスクワークでこり固まった股関節周りや臀部、腰をほぐしつつ、斜腹筋を刺激します。

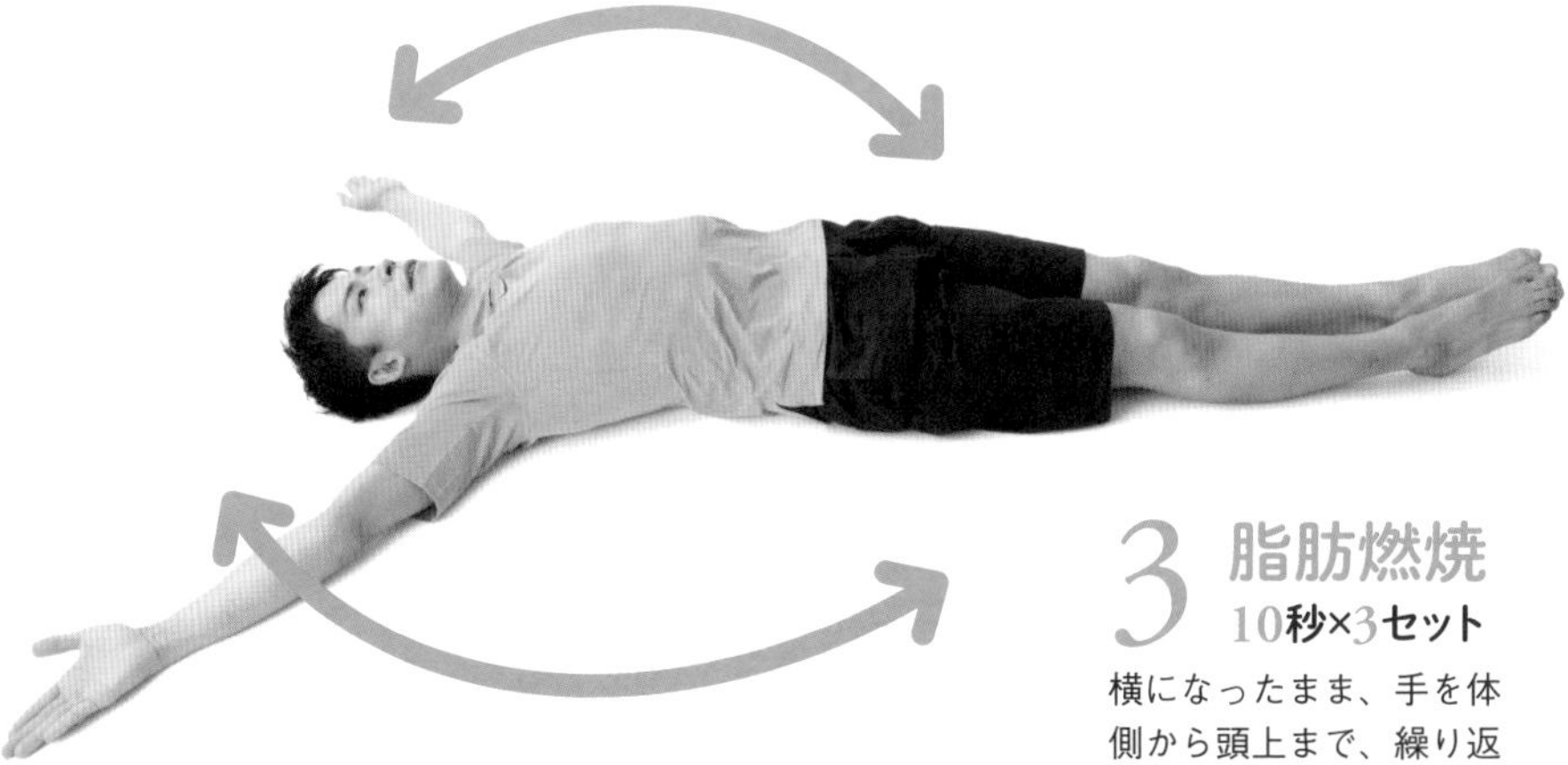

3 脂肪燃焼

10秒×3セット

横になったまま、手を体側から頭上まで、繰り返し動かすP60のエクササイズで、肩甲骨周りにある脂肪燃焼効果を高める褐色脂肪細胞を刺激します。同時に肩周りのこりもほぐれます。

4 全身血流アップ

10秒×3セット

大の字に寝そべり、手・足先を思い切り伸ばしてから脱力させるP58のエクササイズ。緊張で縮こまっている体をほぐし、一気に全身に血液を送ります。

やせない生活をやめてみよう

COLUMN

**同じ年齢、同じ性別、似たような食事をとっているのに
なぜか一方はやせていて、一方は太っている……。
それ、実は生活スタイルが大きな違いを作っているのです。
太ってしまう人は日常生活の送り方がちょっと残念な人かもしれません。**

❶ 朝食抜き

1日の総摂取量を減らそうとして朝食を抜かしている人は結構いるのではないでしょうか？　本書の中でもお伝えしていますが、朝食はとても大切です。朝食を食べることで、体内時計のリズムが整います。そして、これが夜の健やかな睡眠にもつながるのです。また、朝食を食べないと、昼食を食べる頃に血糖値が上がりやすい状況になってしまい、血糖値の急上昇＆急下降が起きて体に負担を与えます。

❷ あまり歩くのが好きじゃない

極力、階段を使わずエスカレーター、エレベーターに乗る。駅までの距離を自転車で行くなど、とにかく歩かないようにしていませんか？　足には大きな筋肉があり、歩くだけでも鍛えられ、血流もアップします。歩くことがダイエットに効果があるのはもちろんですが、歩くことでむくみや冷えも解消されます。

❸ ながら食べをする

ごはんのとき、携帯を見ながら食べてしまうことありますよね。これ、実はおデブへの近道です。満腹を脳が認識するのには食べ始めてから15～20分かかるといわれています。スマホやテレビなどを見ながら食べていると、脳が“食べた”と実感しにくくなり、つい食べ過ぎてしまいがちになります。また早食いもNG。血糖値が急上昇して肥満ホルモンと呼ばれるインスリンが分泌されやすくなり、脂肪を溜め込む体になってしまいます。

第 4 章

睡眠ダイエットの効果を上げる日常ケア

Daily Sleeping Diet Care

睡眠ダイエットでさらによい結果を出すための、
「睡眠環境」「食」「リバウンド」などの対応法を伝授。

Daily Sleeping Diet Care

睡眠ダイエット効果を最大限アップ①

ハードワーカーな脳と体に最高の休息を 自分が寝ている環境を見直してみる

今あなたが寝ている環境を思い出してください。隣に寝ているパートナーの動きや音が気になる、足や指先がいつも冷えている、枕がフィットしていない……など実は気になることがあるという人が多いはずです。日中に動かした体と情報を収集して疲れた脳を休めたいのに、こんな状況では質の高い睡眠は得ることができず、睡眠不足で脂肪を溜め込んでしまう体になってしまいます（P30参照）。せっかく睡眠ダイエットで自分の体を理想に近づけることができるようになったのですから、さらにその**効果をアップさせるために、睡眠の環境にもこだわってみてはどうでしょうか？**

寝つきをよくして、睡眠を持続させるには体の内部の温度である「深部体温」を約1度下げる必要があります。深部体温は〝上げた分だけ下がる〟という性質があるので、**寝る90分前に入浴をして、一度体温を上げておき、睡眠時に下がるように調節しましょう**。また手足から体温を放出するので、基本的には**靴下など**

を履かない方が深い睡眠に入ることができ、最初のノンレム睡眠の質がグッと高まります。

寝具は硬すぎず柔らかすぎないものがおすすめです。立っている状態をそのまま仰向けにした姿勢が、無理のない寝る姿勢になります。ですから、適度な硬さの敷布団、そして首のくぼみに合った枕がおすすめです。首に合う枕がないという人は、バスタオルで枕を作るのもおすすめです。バスタオルを縦半分に折り、クルクルと端から巻いて首と後頭部の間のくぼみにフィットする高さになればOKです。タオルを巻いた方を首のくぼみに入れて枕替わりにしましょう。1日の1／3を過ごす寝室だからこそ、ベストな環境を整えておきたいですね。

ダイエット効果UP!

寝室環境チェック

**こんな環境なら
ダイエット効果もアップ**

1 寝室の照明は消して月明かり程度の明るさをキープ

2 できればベッドや布団にひとりで寝る

3 部屋の温度は夏は26度以下、冬は16度以上

4 寝具は硬すぎず柔かすぎないもの

5 枕は後頭部と首の間のくぼみを支えるもの

6 締めつけの少ない長袖・長ズボン&裸足

Daily Sleeping Diet Care

睡眠ダイエットの効果を最大限アップ②

いつもの食事を少し変えればもっと簡単にやせられる

寝ている間に代謝がされているからといって、食事のケアを怠るのは、もったいないことです。私が**エクササイズを指導している方たちに伝えている食事のケアで一番大切にしているのは「朝は多くの栄養を摂れるようにバランスのよい食事をする」ということ**です。

朝起きて、体重計に乗って体重が減っていると、つい「朝食を抜いてもっとダイエットを加速させよう！」と考えてしまいがちです。しかし、これが大きな落とし穴なのです。寝ている間にしっかり代謝が行われる睡眠ダイエットでは、朝起きたときには前日の食事で摂取したエネルギーはほとんど残っていません。朝食を食べずエネルギーが不足したままの体は筋肉を分解し、それをエネルギーの源とする「糖新生」を行います。**つまり、朝ごはんを食べないとせっかく前の晩に筋肉を刺激し、成長ホルモンによっ**

理想の食事&1日のルーティーン

起床

・太陽の光を浴びて、体内時計をリセット

・白湯を飲んで胃腸を目覚めさせる。

朝食

・お米(玄米)を軽く1杯／野菜たっぷりの汁物／目玉焼き／副菜／ヨーグルト

・たんぱく質をしっかり摂りバランス重視。

て筋肉を鍛えたにもかかわらず、それがエネルギーとして使われてしまうため、筋肉量が落ちてしまうのです。筋肉量が減れば、基礎代謝も下がり、自然とやせる体が作れなくなるどころか、脂肪を溜め込む体となってしまうのです。

糖新生以外に、インスリンの過剰分泌も危険です。仮に6時間寝て、朝食を抜いて昼まで我慢をしたとすると、約12時間はなにも口にしていないことになります。そうなると血糖値がどんどん下がってしまい、その分、次に食事をしたときに急激に血糖値が上がり、「インスリン」が過剰に分泌されることになります。**インスリンは肥満ホルモンともいわれ、血糖値が急激な乱高下を繰り返すたびに肥満ホルモンが分泌され、ますます脂肪を溜め込みやすい体になってしまう**のです。

ちなみに食べたものを消化吸収するのにもエネルギーは消費されます。タンパク質は約6時間、食物繊維は約3時間、炭水化物は20分から2時間程度で消化されます。より代謝をアップさせるなら、積極的にタンパク質や食物繊維を摂ってください。食事時間や、食事の選び方でも、自らやせる体は作れるのです！

昼食

- お米、パスタなど主食／サラダ（もしくはトマトジュース）
- 必ずスープ・野菜を最初に食べる。野菜がなければ糖質の少ないトマトジュースを先に飲む。

間食

- ナッツ／ドライフルーツ／ギリシャヨーグルト／チーズ／など
- カロリーが高いので、食べ過ぎに注意！

夕食

- お米（玄米）茶碗半分程度野菜たっぷりの汁物／魚か肉／副菜1、2種
- 1日の食事量の中で、一番量は少なめに。
- お酒は適度な量ならOK。

Daily Sleeping Diet Care

睡眠ダイエット効果を最大限アップ③

日常の動きを少し大きく・早く！これだけで代謝量は大幅アップ

やせるためにジョギングをしたり、ジムに通ったりする時間がない人、またどうしても運動が続かず3日坊主になってしまう人だからこそ、寝ている時間を効率的に使ってやせる「睡眠ダイエット」に興味を持ってくれたと思います。もちろん、寝る前3分のエクササイズだけでも十分やせる効果はありますが、どうせならもっと加速をつけてやせたいと思いませんか？

僕がおすすめするのは日常の動作をすべて大げさにすることです。**毎日の通勤や通学時の歩行、掃除をするときの動きなど、日常行っている動作を少し大きくするだけで、消費カロリーをアップさせることはできるのです。**ちなみに**普通に歩くより、早めに大股で歩くだけで、なんと消費カロリーは1.4倍**になるといわれています。日常の動作を大きくすることで代謝&筋力アップさせて、基礎代謝を更に上げて寝ている間にもっともっと燃える体を作りましょう。

大股歩き

いつも歩いているときより大きな歩幅で、歩きながら話すことはできるけれど、少し息が上がるくらいの速さで歩いてみましょう。呼吸しながら歩くと体内にとり込まれる酸素量が増え、代謝がアップします。

POINT

胸の下から足が生えているくらいの意識で、大きく足を踏み出すと、いつも以上に骨盤を積極的に動かすことができ、腰・ウエスト周りのシェイプも！

ここから足が生えているイメージで大またで歩く！

もも上げ歩き

普段より少しひざを上げ、もも上げのような感覚で歩いてみましょう。ぽっこりお腹を引き締め、よい姿勢を保ち、ヒップアップや下っ腹が出るのを防ぐ腸腰筋が鍛えられます。その場で止まってもも上げをしても効果はあります。

POINT

腸腰筋は骨盤の内側についている筋肉なので、ここを鍛えることで、骨盤が前傾・後傾している人は正しい位置に整えられ、体幹力がアップします

かかと上げ下げ

電車で立っているとき、歯磨きをしているときなど立ちっぱなしの姿勢が続いているタイミングこそ、ぜひかかとの上げ下げをしてみましょう。ふくらはぎの筋肉を鍛えることで、下半身の血液が全身にめぐりやすくなります。

POINT

あえてかかとは床にドンと下ろしましょう。その衝撃が骨を刺激して「骨ホルモン」の分泌が促進されるので、骨粗しょう症の予防にもなります。

Daily Sleeping
Diet Care

誰もがぶつかる壁だからこそ賢くやせる！

停滞期・リバウンド、ダイエットの失敗をどう乗り越えていく？

　ちょっと前までは順調にやせていたのに、体重が減らなくなった……。そんな停滞期が実は一番危険です。ダイエットの効果がないと自暴自棄になってやけ食いをしてしまい、それを機にリバウンドをしてダイエット失敗、という負のスパイラルが始まってしまう人がいます。まず、知ってほしいのは**停滞期は起きて当たり前のこと**だということ。人間の身体には「ホメオスタシス（恒常性）」という機能が備わっています。これは人間を飢餓から守るために備わっている機能で、**体がスリムになっていく時期が続いたときに、体重の減少を抑えようと働くもの**です。ホメオスタシス機能が作動すると、食事によるエネルギーの吸収率がアップして、基礎代謝や運動によるエネルギーの消費量がダウンするといわれています。つまり、身体が省エネモードに入ってしまうのです。１ヶ月で体重の約５％が減ると、この作用が働くといわれているので、大体体重が減りはじめて３週間から１ヶ月くらいで停滞期に入る人が多いようです。

まず、停滞期を脱出するには、「停滞期は誰にでも起きること」と捉えて、やけっぱちにならないことが大事です。焦らず地道にエクササイズを続けましょう。

また、停滞期をうまく乗り越えられず**リバウンドしてしまったという人に気をつけてほしいのは、一気に挽回しようとしないこと**です。増加した体重をなかったことにするために、無理に複数回エクササイズを行ったり、厳しい食事制限を行うのはＮＧ。１キロオーバーしたなら、その１キロ分を消費する７２００キロカロリーのエネルギーを１ヶ月で割って、１日２４０キロカロリー分を減らして生活すればいいのです。例えば、毎日間食していた袋菓子やコンビニのデザートをやめるだけで、十分２４０キロカロリーになります。そう考えると無理なく元の体重に戻すことができるような気がしませんか？

ちなみに停滞期に入ってしまった人、まさかのリバウンドしてしまった人に効果的な睡眠ダイエットエクササイズを紹介するので、気になる人はぜひ自分のエクササイズメニューにつけ加えて行ってみてください。

停滞期は先ほどもお伝えしたように、体重の減少を抑えようとする（＝体を一定の状態に保ち続けようとする）状態のことです。こんなときは、あえて今までやったことのないエクササイズのポーズをとり入れてみたり、「代謝を上げて免疫力をアップさせる空中自転車漕ぎのポーズ（Ｐ１０６）」や、「全身やせを叶えるお尻歩き（P84）」をするのがおすすめです。今まで動かしていなかった筋肉を刺激して体を驚かせることで、やせスイッチが再度押されます。

リバウンドしてしまったときは食事ケアに加えて、大きい筋肉を刺激する「肩甲骨の褐色脂肪細胞を活性化（P60）」や、「太ももの前も後ろもごっそり肉をとる（P70）」をやってみましょう。大きな筋肉を刺激して、鍛えていくことで、寝ている間の代謝量が増えて、少しずつまた体が絞られていくはずです。

また、停滞期やリバウンドのときに気をつけたいのが食事です。「やせない」「前より太った」と焦り、偏った食事や量を極端に減らす食事に変えると、必要な筋肉を作る栄養が足りなくなり代謝に必要なビタミンやミネラル類が不足します。また栄養不足で体が冷えがちになり、代謝がうまくできず、同じダイエットをしてもやせにくくなります。

睡眠ダイエットは無理をしないで、効率的に、健康的にやせることが一番の目標です。誰にでも停滞期やリバウンドは起こり得ることです。でも、ちょっとした工夫で乗り越えることができれば、またやせることができるのは間違いありません。停滞期は体が次のステージに行こうとがんばっている証拠です。だからこそ、**“失敗した”と落ち込むより、この時期をより効率的に賢く健康的にやせることを考えて、行動しましょう！**

負のスパイラルを断ち切る　エクササイズ

＼これでSTOP!／

天使の羽のポーズ（P60）

肩甲骨周りにある脂肪を燃焼させる、褐色脂肪細胞を刺激するエクササイズ。大きな筋肉でもあるので、動かすことにより代謝アップします。

＼これでSTOP!／

自転車こぎのポーズ（P106）

全身を活性化させて有酸素運動の効果も期待できるエクササイズです。いつものエクササイズでは使っていない筋肉を刺激しましょう。

停滞期

体重が減らない状態が２週間以上続く

やけ食い

体重が減らないのがストレスで我慢が限界にきてムダに食べてしまう

リバウンド

停滞期をうまく乗り切れずそのまま体重増加

＼これでSTOP!／

お尻歩きのポーズ（P84）

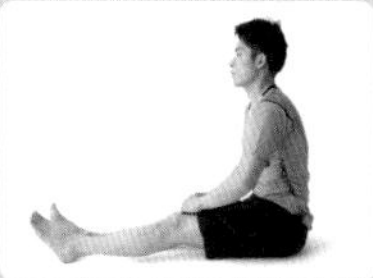

食べてしまって増えた体重は、全身やせを叶えるお尻歩きで徐々に減らしましょう。お腹周りに刺激があるので、食べすぎを抑えます！

寝ているときも体を整えて
やせて健康寿命を
延ばしましょう！

睡眠ダイエットエクササイズに挑戦をしてみて、
みなさんいかがでしたでしょうか？
ダイエットはどうしても「つらいもの」と
みなさん思い込んでいるような気がします。
それは「ジョギングしなきゃ」「炭水化物を減らさなくちゃ」
「ジムに通わなきゃ」という
「〇〇しなくちゃ」という気持ちがあるからだと思います。
そしてその「〇〇しなくちゃ」を守れなかったとき、
「私はダメだ」と自己否定してしまい、
ダイエットがますます嫌になっているようです。

でも、実はダイエットほど簡単なことはないんです！

だって、もともと備わっている基礎代謝をしっかり使えれば、
自ずと体はスリムになっていくのですから！

脂肪のない理想の体に近づけること、
どこにも痛みのない体になること
この最終ゴールは「体と心がずっと自立をして生活できる」ための
健康寿命を延ばすことにつながると思います。

睡眠ダイエットはみなさんの想像以上に簡単で
取り組みやすいものだったと思います。
だからこそ毎日行ってもらえればなによりですが、
がんばりすぎずとり組んで、いつのまにか
「エクササイズをして寝ないとスッキリしないなぁ」
というくらい
みなさんの日常に溶け込んでくれることを願っています。

山田ＢＯＤＹ

山田 BODY
高校からボクシングを始め解剖学を学ぶ。帝京大ボクシング部では主将として国体に出場。強くしなやかな身体を手に入れるためストレッチの重要性を部員達に伝える。その後、松竹芸能に所属し、芸人として活躍しながら大手ストレッチジムでストレッチトレーナーの資格を取得。多くの芸能人・アスリートからその腕を評価されている。現在は芸能活動を続けながら、パーソナルジムを経営。さらに身体の能力を最大限に発揮するためのプログラムを開発。子どもの身体能力向上から大人の痛み改善、ダイエットまでをサポートするウェルネス・スタジオ「BODY FUNK」が近日オープン予定。

http://beauty-boxing-bodycare.com/

がんばらなくていい！しっかり寝るだけ！
最高の睡眠ダイエット　発行日2020年8月20日

著者　山田BODY
発行人　木本敬巳
発行・発売　ぴあ株式会社
〒150-0011
東京都渋谷区東1-2-20
渋谷ファーストタワー
03-5774-5262（編集）
03-5774-5248（販売）

協力　松竹芸能株式会社
編集　大木淳夫
デザイン　荒井雅美（トモエキコウ）
構成　知野美紀子
写真　島村緑
印刷・製本　株式会社シナノパブリッシングプレス

ISBN 978-4-8356-3979-6